発達障害の子ども・青年の成長の記録

〝安心と自尊心〟を柱に

ＳＫＣキッズカレッジ保護者・当事者の手記

ＳＫＣキッズカレッジ手記編集委員会　編

文理閣

保護者手記（第二弾）の発行に際して

編集委員会を代表して　窪島　務

最初の保護者の手記を出してから一〇年が経過しました。キッズカレッジがＮＰＯ法人として活動を始めたのが、二〇〇五年でそれから一五年になりますから、第一号の手記はキッズカレッジの初期の試行錯誤を続けながらの子どもたちと保護者のみなさんとの関わりが反映しています。最初の手記ではそうした事情から、保護者の不安、学校の対応への憤り、やり場のない苦悩が多くつづられていました。この間の経過については、久保田瑺子理事長の文に詳しく触れられています。特に、子どもたちと学習室での関わりから、発達障害、学習障害が学校や家庭での生活レベルで何を意味しているか、悩みや困難はどこにあるかということについて、私たちスタッフが子どもから学ぶことが数多くありました。

この一〇年の間に、今日のキッズカレッジの基本理論と実践の方向が確信を持って形づくられました。「安心と自尊心」・「自己認識」をもとに、子どもたちは人間としての発達の大きな飛躍的変化を自ら成し遂げていく、というキッズカレッジの基本的視点が確立しました。さらに、この間に、私たちが実践をもとに子どもたちの成長から学んで確認してきた「キッズカレッジの三つの発見」という大きな理論的・実践的成果がありました。三つの発見といっているのは、（１）アセスメントの三つの相、（２）急激な飛躍的発達的変化、それに（3）教育的実践にとって最も重要な「発達障害の子どもの三つの本質」、という三つです。これについては、詳しくは拙著『発達障害の教育学』（文理閣、二〇一九年）をごらんください。以下に簡単に説明します。

アセスメントの三つの相

通常、アセスメントというと、医学的検査や認知的検査を指しています。これをアセスメントの「第一の相」といいます。これも大切ですがすべてではありませんし、これから教育指導の課題や方法を導き出すのは間違いです。特別支援教育では、「アセスメントを指導に生かす」などの言い方でこの間違いが広がっています。次に、こどもたちの主体的で主観的な自己認識、安心と自尊心のアセスメントを行います。これをアセスメントの「第二の相」といいます。とりわけ、子ども自身が自分の困難、苦手さ、得意なことなどを感覚的にどう感じ、行動でどう反応しているかなどです。いらいら、つっぱり、乱暴、暴言などの形でそれは現れます。この「第二の相」が教育指導の出発点になります。「第三の相」は、通級指導教室の配置、適切な支援の保障、高校進学の保障など教育の見通しについてのアセスメントです。いわば環境アセスメントです。高校進学の保障は子どもにとっては権利であり、その保障は教育制度のサイドの責務であり、子どもの問題ではないし、まして発達障害や学習障害の問題ではありません。

急激な飛躍的発達的変化

キッズカレッジの「安心と自尊心」に基づく指導を数年間経験した子どもたちは、小学校高学年から中一にかけて一回目の、次に高校入学前後に二回目の飛躍的変化が起きます。一部の子どもたちでは、書きの困難は継続しつつも、読みの困難は解消することがあります。しかし多くの場合、学習障害がなくなるわけではありません。高校入学時にもその困難は継続しながらも、それを気にせず、人に聞く、調べる、写す、苦手なことも頑張るなどのやり抜ける方略とスキルを身につけ、困難を克服し、ある場合にはそれを味方にする大きな人格的な発達の飛躍を子どもたちは成し遂げます。私たちの研究では、キッズカレッジの子どもたちの七割以上にそうしたことが見られました。この手記にもそうした事実がいくつか紹介されています。

発達障害の子どもの「三つの本質」

これは、発達障害のある子どもたちはその困難や障害がいかにきびしくても、またどのように荒れていても、自暴自棄になっていても、その内面の根っこのところに「まじめ、一所懸命・がんばり、やさしい」という本質的傾向があることを指します。発達障害の「特性」を言うのなら、まず第一にこれをあげるべきです。ただし、現象的にはイライラ、暴言、無気力などの現象に隠れて見えないことが多く、わかってもらえません。物事の本質は現象しないことが通例です。だからこそ、科学が必要であり、教育的洞察が求められます。しかし、教育指導の出発点、子ども観の基本はここにあります。子どもが落ち着いているとき、気持ちにゆとりがあるとき、大人との個別的関係のなかでそれが保障されているときには、はっきりと見えてきます。子どものこだわりは「まじめ」だからこそです。ルールを守りたい彼らがルールを無視するのは、それほどにイライラさせ、気持ちを逆なでする周りの大人のかかわりがあるからです。興味本位の勝手なことをするのは、自己抑制（自己コントロール）の力が未発達だからであり、その発達をゆっくり見守ることこそ指導の要点になります。発達の流れに沿って行きますので時間こそかかりますが、キッズカレッジの多くの子どもたちは、青年期にその本質をだれの目にもみえるように前面に現わしてくれます。こうした認識は、私たちの主観的な思い込みではなく、十数年にわたるキッズカレッジの実践の中で多くの子どもたちによって確かめられた、適切な教育指導によって「再現可能」な科学的な事実です。

「発見」というのはあまりに仰々しく、おこがましいのではないかという気持ちもありますが、しかし、そのいずれについても発達障害や学習障害研究の分野で他にそうした指摘がないことも事実であり、あえて主張する所以です。特別支援教育が成功していないとしたら、こうした観点が欠落しているからです。

キッズカレッジの理念や方法は科学的研究の成果に基づいています。教育実践と発達を科学することを、NPOの発足時から定款に明記しています。そのためか、キッズカレッジの理念や指導法の説明にある種の堅さがつきまとい、なかなか一般の教育の世界に普及しにくいということがあるのかもしれません。私たちの努力不足を感じるところです。まだ、多くの未解明な点がありますが、今後も研究を続けていきます。

イギリスで最近出版された『特別な子どもたちのための特別な教育？』（レビス&ノルビッチ編）の「読み書き障害（ディスレクシア）」（Gavin Reid）の章に次のような一節がありました。

「読み書き障害はもっともよく知られてはいるが、もっとも少ししか理解されていない障害の一つである。」

読み書き障害研究の百年以上の長い歴史を持つイギリスにおいてさえ、そうした文言から書き始められるような状況なのだと思うと、まだ少しの歴史しかない日本におけるこの状況は致し方ないことなのかと考えさせられます。

今回、多くの保護者が快く手記を寄せてくれました。初めの手記から一世代をへて青年期に大きく飛躍した子どもたちの姿を伝えたいということが今回の手記の目的のひとつでしたので、キッズカレッジ学習室で長い時間を過ごしすでに青年期、成人期に達した子どもたちが多く登場しています。一方で、最近の小学校での学習障害のある子どもへの支援の様子を知るために、小学生の保護者の方からも手記をいただきました。学習障害がわかって間もない第一弾の手記に比べて、我が子の困難、苦しさを大きく包み込む保護者の姿勢がたくましく見えます。また、まだわからないことが多いとはいえ、発達障害のある子どもたちの可能性が大きいことをキッズカレッジの実践は証明していると思います。ここには、発達障害研究に提供する私たちのエビデンスがあります。しかし、一方で学校の理解は特別支援教育になってかなりの時間が経過しましたが、それほど大きく変わっていないという印象を禁じ得ません。また、高校卒業後の進路、社会参加に際しての社会の理解と支援体制はまだその端緒にも届いていないと感じます。進路問題の多くは子どもの発達障害によるものではなく、社会の発達障害によるものです。そうしたことなど学習障害のある子どもたちの学習や発達をめぐる可能性と問題点や課題を読み取ってもらえれば幸いです。また、ＳＫＣキッズカレッジの基本的考え方、発達観などにも関心を持っていただければありがたいです。

手記の中で、窪島の名前があちこちに出て来ていますが、それはキッズカレッジスタッフの役割分担として窪島が保護者担当になっているという事情によります。キッズカレッジスタッフはそれぞれに個性的で子どもへの対応にも当然のことながら個性が出ますが、キッズカレッジの実践という点では基本のところは同じであり、スタッフによって異なるということはありません。キッズカレッジには当初より、ほかのどんな「すぐれた指導技術」であっても勝手に持ち込んではいけない、自己流の指導はご法度、という鉄則があります。そのため、キッズカレッジの指導法についてのスタッフ研修は日常的に行われています。キッズカレッジの実践の成果はスタッフの力量の高さと保護者の理解に支えられています。この手記には、保護者の目から見たそうした長期の学習室の体験や時々の様々な思いがつづられています。

この手記が発達障害、学習障害のある子どもたちの人間的成長の可能性にたいする学校、教育関係者、さらには社会全体の理解がさらに深まることに寄与しうるならば望外の幸せです。

（ＳＫＣキッズカレッジ副理事長）

目次

思春期・青年期を迎えたわが子たち　保護者の声

当事者の声

スタッフの声　子どもとのかかわりの中で

※カット代わりに載せた粘土文字などの写真は、本文とは直接関係がありません。

SKCキッズカレッジのこれまでとこれから

理事長　久保田璨子

子どもたちの足音が聞こえてくると、キッズカレッジ学習室の始まりです。保護者と一緒にくる子、一人でやって来る子、元気に入ってくる子、よろよろ倒れそうに（?）くる子もいます。中には、学習室は見向きもせず、前の小川に直行する子、虫を捕る気満々で虫カゴを持ってくる子もいます。学習室には学校のように「元気にあいさつしましょう」というようなことはありません。子どものありのままの様子を見ることで、今日は調子がいいなとか、ストレスがあるな、頑張りすぎているね、など子どもの様子が分かります。帰るときには、みんな元気に帰っていきます。「学校は嫌がるのに、キッズの日は朝から用意をしています」というお母さんも。

学習室は平日と土曜日の午前と午後に開いています。キッズカレッジの学習は、子どもが困っている読み書き困難に合わせているため、学年の学習内容とは異なります。保護者の相談にも随時応じています。保護者が子どもの状態をよく理解すること、長い見通しをもって子どもの困難に付き合うこと、そのゆとりを保護者の皆さんが持つことが子どもが「安心と自尊心」を獲得し、困難な学習に向きあう勇気を持つために重要だと考えています。このような日々が十五年前に始まりました。

ＳＫＣキッズカレッジの前身は、滋賀大学教育学部教育実践総合センターの『相談部門』で、不登校など教育や子育てに関する保護者、教職員の相談などが行われていました。その中で不登校の背景にある学習の困難が見過ごされていることが目立つようになり、小学校中学年になっても平仮名が読めない、書けない、漢字が覚えられない、話すことに問題はなくなぜか理由がわからない、また親自身が対応に疲れて体調を崩してしまうなどの相談が増えてきました。理解が良いのに読み書きが困難で学習習慣が身に付かない、怠けていると言われてしまう、保護者が横で宿題に付き合っているとそのうち親子喧嘩のようになってしまう、チックが出てきて小児科の先生から紹介されたなどです。高校生では単位認定の問題が生じます。学習の状態を調べると軽くない読み書きの困難があることが分かりました。特に、不登校傾向や多動・乱暴などがあると、学校や相談機関でも学習障害や読み書き困難を検討するところまで行きつかず、心理的要因への対応が中心となり、発見と対応が遅れることが多く見られました。残念なことに、こうした事情は今もあまり変わっていません。

当時はまだ、学習障害の研究は一部でしか進められておらず、普及もしていませんでした。学習障害は「見えない障害」でした。二〇〇四年、文部科学省は「小・中学校におけるＬＤ（学習障害）、ＡＤＨＤ（注意欠陥／多動性障害）、高機能自閉症の児童生徒への教育支援体制」のガイドラインをだしましたが各学校で具体的に対応することは、人的物的理由から難しかったようです。通常の学校は基本的に同年齢集団で構成され、学習や学校生活では「みんなと一緒」にすることが基本的に求められ、どう対応したらよいかわからない、学習内容の変更は学習指導要領によって許されない、個別的指導をするためには人的にも学校にはその体制はないという困難な状態が続いていました。言葉の教室や通級指導教室の数も不足していました。特殊教育から特別支援教育に名称変更となり、通常学級はインクルーシブ教育の方向で障害がある子どもも含めて教育をすすめるという方向が出されました。通常学級にも発達障害や学習障害の子どもが在籍することを教育行政も公認するようになり、対策の必要性が指摘され関心の広がりがみられた時期でした。大学でも相談件数が増加し、学習障害の研究に継続的に取り組む必要性が大きくなっていました。

滋賀大キッズカレッジの発足

二〇〇五年一二月、滋賀大学の支援も受けながら、「特定非営利活動法人滋賀大キッズカレッジ&地域教育支援センター」が発足しました。このＮＰＯ法人の目的は「発達障害、不登校・登校拒否、学力不振などの特別な教育的ニーズを有する人、その家族、及び教員、一般市民に対して特別な教育的ニーズに関する学術研究の成果を普及・啓蒙しまた地域の子育て全般を支援する活動を行うことを通して子育ての社会化を促進」することです。滋賀大キッズカレッジは学習支援と共に学術的研究をすすめ、その成果を広げるための法人で、保護者の声や子どもの願いを大切にして取り組んできました。キッズカレッジの指導理念は、当初から子どもに「安心と自尊心」を形成していくことにあり、今日まで変わることなく継続しています。この年に、窪島務先生著『読み書きの苦手を克服する子どもたち』（文理閣）が発行されました。

ボランティアスタッフの役割

滋賀大キッズカレッジは大学の援助により、空き教室を使用して土曜日に学習室を開き、平日は相談、子どもの学習・心理検査などを続けました。キッズカレッジの学習室は一対一の個別指導のため多くのボランティアスタッフが必要で、学生、大学院生、教師、市民・保護者の方々の参加をえて活動しています。

ボランティアの希望者には二日間十時間の研修を必ず受けてもらい、キッズカレッジの考え方の基本と具体的指導方法を身に着けてもらいます。一定期間の実地研修の後に指導に参加してもらいます。いったん指導に入ると、すべてがそのスタッフに任されます。子どもに対しては、書き方、やり方などを「教えない」、「文字のエラーは指摘しない」、自分で気がついて直すのを待つことが基本です。「こうなってほしい」というスタッフの思いは、往々にして子どもへの押しつけになるので、指導上の禁止事項です。指導者は、子どもが自分のペースで学習に取り組み、子どもの力が出せるような関係を作ること、できないこと・わからないこと・したくないことなどは全面的に受け入れ、安心感と自尊心を育てます。学校の学習と異なり、子どもが自分の力を自分のペースと自分のやり方で出せること、どんなものであっても人のまねはしない、その子自身のイメージが大事ということを一対一の関係で保障します。子どもの努力は側にいるとよくわかります。文字の習得困難、エラーの現れ方も分かります。スタッフは子どもと一緒に時間を過ごし、その苦労と努力を一番よく知っています。学習後、子どもの様子や指導内容を交流するミーティングを開き、ひとり一人の「学習の記録」を書いてファイルします。

キッズカレッジは他機関との連携にも力を入れています。子どもが通う学校との連絡会を年に一回、大学の職員会館をお借りして開いています。そのほかにも、学校から問い合わせや相談があるときには個別に対応しています。近年では、読み書きの困難な子どもの療育にキッズカレッジの指導方法を取り入れて支援をおこなう施設が増えてきており、そうした機関との連携を日常的に行っています。

キッズカレッジの研究と実践

文字の読みの前提には多くの要因がありますが、ひらがなでは音韻意識と呼ばれるものがカギとなります。文字は一文字ずつの読みができても単語が読めるようにはなりません。保護者の話からも「小学校入学前のXマスの頃になっても文字に興味なくて。一文字は読めるのに短い文でも興味がなくて不思議」というようなことがあります。キッズカレッジでは音韻意識の発達についても詳しい検査をします。音韻意識は言葉の意味と構成する音を分離する能力を前提としています。通常は幼児期の後半に発達しますがそうでない子どもがいます。詳しく検査すると音韻意識の弱さは小学校入学前に発見できることが分かってきたので、早期から学習室に通っている子どもがいます。音韻意識の弱さに対しては特別な対応が必要で文字の読み書きのトレーニングを繰り返すことで乗り越えられる簡単な課題ではありません。音韻意識の形成以外にも、形の認知、手指のコントロール、書きたい意欲など課題はたくさんあります。詳しい内容は『発達障害の教育学』(窪島務、文理閣、二〇一九年)にまとめられています。

保護者手記第一作

発足の五年後の二〇一〇年に、「読み書き障害」の特徴や学校での対応について保護者と子どもたちが綴った『僕、字が書けない、だけどさぼってなんかいない』というタイトルの書籍を出版しました。これを本屋で見つけたある相談者は、「いろんな発達障害の本を読んだけれど、これだ!と思った」、「うちの子を理解することができた」、「漢字が覚えられないのはこの本と一緒」、「学校の先生は大丈夫と言ってくれたけど、どこか違うと思っていた」など、親だからこそわかる気づきを話されました。

キッズカレッジの特徴は、子どもの「安心と自尊心」を何より大切にし、子ども自身の「自己認識」の発達に沿って、子ども自らが自分を形作っていくことを見守り、促すことにあります。「教えない」「なおさない」「指摘しない」という指導法はそのためのものです。子どもたちは、発達の筋道に沿って、ゆっくりと自分自身を形成していきますが、それは単純な直線的なものではなく、時に激しい葛藤と直面します。周りの大人の対応によっては、暴力と暴言に発展することもあります。小学校高学年の思春期前期から、読み書きの苦手さ、他の子どものようにできないつらさ、みんなと一緒にいたいギャングエイジの時期に、みんなと違うという事実に気づきながらそれを認めたくないという心の動きを、「そういうこともあるね」と、避けることができない当然のものとして指導者も受け入れ、「こうすべき」「こう考えるべき」という説教も「そんなことないよ」という慰めもせず、ただ「大丈夫」とじっくり見守ることに徹します。自己認識の弱い自閉症スペクトラム（ＡＳＤ）の子どもではその葛藤はより激しいものとなります。「教えない」「指摘しない」という一見簡単な指導の難しさはスタッフの間でもよく話題になります。「指導」ということの主体、中心は子どもの側にあります。ただ見守るという保護者のかかわり方も大きな意味を持つときですが、そのためには保護者にも安心とゆとりが必要であり、支える者がいなければ困難です。必要な場合には医療機関の紹介・連携も進めます。そのような経過を経て子どもの大きな成長と変化を体験した保護者の手記は、現在進行形で悩んでいる保護者の胸に響いたようです。

「安心と自尊心」

キッズカレッジの指導理念は、子どもの状態が様々な点で困難でも、長い期間をかけて子ども自身が「安心と自尊心」を獲得していくことによって、子どもが自分で変わっていく、自律していく基礎が生まれると考えています。発達障害・読み書き困難の場合、とりわけそういう場所と環境が子どもたちに提供されることが必要です。読み書きは、自然に習得していくのではなく、学ぶことによって獲得していく能動的な活動が必要です。ＳＫＣキッズカレッジの指導は、指導者が教え込み、子どもがたくさん書く練習をするという方法ではありません。時間はかかっても、間違いに自分で気がつき自分で修正する力をつけていくことをめざす指導です。読み書きの困難は、多くの場合、改善は容易ではありません。また、個人差がちいさくありません。保護者と相談しながらすすめることを大切にしています。

私たちの経験では、キッズカレッジの指導を数年間継続することで、小学校高学年、中学三年から青年期に入る頃に大きく変化していきます。そのことを私たちは、子どもが「化ける」と表現することがあります。それほど急激に大きな人格的変化を遂げていきます。中には、以前の自分と今の自分の違いを話してくれる子どもがいます。物事に対する理解が深まっていることや社会的交流の力、人への思いやりの気持ちが大きくなっていることに驚かされることがあります。しかし時間がかかること、個人差があるため急がないことが大事です。ある中学生は、自分の小学校時代を振り返り、「僕を混乱させんといて」と言い、「小学校でテストのお直しをいつもやらされていた。すぐ忘れるのに無駄だし一番嫌。六年生の頃ようやく勉強する気持ちになった。漢字も書けるようになってきた。何回も繰り返すことは僕には向いてない。これから自分の目標を見つけたい」とこれまでと今までの違いを話してくれました。

子どもたちは「自分はどんなところがあるのか、苦手や得意、弱さ、がんばれること」などを自覚し、それぞれの段階で節目を乗り越えて自分らしく、若干遅れながらも年齢にふさわしい自己意識と誇りを持って自分の力を発揮して青年期を迎えていきます。そういう姿に感動を覚えます。思春期は発達障害の有無に関わらず、すべての子どもにも危機的状況が現れることが指摘されていますが、そのうえ発達障害の子どもたちはこだわりや感覚過敏があったり、社会性の弱さから周囲との関係がぎくしゃくしたり、混乱に拍車がかかることがあります。

読み書きが苦手な子どもが入学したある高校では、その生徒に読める教材やテスト問題が全員の生徒に提供されるなど、この子がいたためみんなの学習が助かったと先生が語るほど、子どもたちは自分の努力が報われる学校生活を過ごすことができました。振り返れば教育相談で保護者が話された願いや、検査の場面で子どもが示してくれた姿から、キッズカレッジは多くを学び、取り組みが繋がっていきました。子どもの教育的ニーズに対して今後も必要性に応じて取り組みが継続していければいいと願っています。

SKCキッズカレッジ

さらに八年後の二〇一七年六月、滋賀大キッズカレッジと滋賀大学教育学部は、連携協定及び覚え書きの調印を交わし、さらなる発展の可能性を拓く段階を迎え、学生の実地研修の場としても役割を果たしています。これまで滋賀大学の内部にいてNPO法人として活動してきましたが、主たるスタッフが滋賀大学を退職し、また滋賀大学教育学部と対等の法人として連携・協力協定を結ぶことになったことを契機として、NPO法人としての独立性を明確にするため名称を「SKCキッズカレッジ」としました。現在でも、相談や外部との連携は大学構内の相談室などを利用させていただいています。

今日、学校で特別な教育的ニーズのある子どもが増えています。特別支援学級や支援学校の児童生徒の増大が指摘されています。行政の取り組みは広がっていますが、そこで把握できない子どもたちがいます。学習障害への理解と取り組みは依然としてそれほど変わっていません。乳幼児期から行われている発達検査では何も指摘されることなく小学校、中学校へと進級していく過程で発達障害が表面化してくる子どもたちの困難です。保護者は「何かが違う」と思いずっと悩んできたことを話されます。中学二年生までほとんど不登校状態で高校進学を心配する頃、ホームページでＳＫＣキッズカレッジを見つけて相談につながったという例は珍しくありません。

前回の出版から十年経ち、ここに第二弾の手記の発行にこぎつけました。前回の出版の頃は、多くの子どもたちは小学生でしたが、それぞれの道に羽ばたき自分らしく成長をとげ、スタートした頃はイメージできなかったような現在の姿があります。そこに子どもの努力と保護者の理解の深さを強く感じています。困難を乗り超えた経験を多くの方々に伝えることで、現在も苦戦している方々の見通しにつながればいいと願い、思春期・青年期を中心に手記を編集しました。保護者の皆さんに少しでも明るい展望が得られることを願っています。

二〇二〇年は新型コロナウイルス感染をめぐり世界的に多くの犠牲がひろがり、治療法や予防対策の模索は長期に及ぶようです。子どもたちに突然始まった一斉休校、続いて四月から約二カ月間の自宅学習が強いられた後、ようやく六月から学校再開を迎えました。夏休みは減らされ、学習の遅れを取り戻すために学校はますます忙しくなり、子どもたちが一息ついて学習から解放された体育大会、文化祭、遠足、修学旅行などの行事は短縮や中止になっています。この大きな「生活様式」の変革の中で、学校は何かを学び、学校における「学習の様式」に変化は生まれるのでしょうか?

思春期・青年期を迎えたわが子たち

保護者の声

保育園から大学までの息子と私の歩み

保護者（母）

息子は三歳児検診のとき、「アスペルガー」と診断を受けました。私はすぐいろいろな本を読み、どんなことをすればよいのか考えました。まず保育園の行き帰りに歩きながら本人の名前、両親の名前、家の住所、電話番号、しりとり、反対言葉、色や動物の名前など何度も繰り返し言葉の語彙数を増やすことに力を入れました。

小学校に上がる半年前にひらがなを教えましたがなかなか覚えず、「くもん」に通わせひらがな片仮名を習得させ、字が読めるようになったら、読解力をつけるために息子の好きな漫画を読ませました。この時点でとりあえず同期の子どもと同じスタートラインで小学校に入学させました。小学校生活において私が考えたのは、息子は少しでもいいから努力をすること、私は息子が努力をしやすい環境を作ること、そのために学校からどれだけ支援を引き出せるか。あとは本人の自尊心を大事にしようということでした。

私は割り切って漢字の形が変でも、計算ができなくても大人になったら意外と字を書く機会は少なく、計算は電卓を使うので読解力があれば生きていけると思いました。ただ学生時代に発達障害ということでクラスメイトの中で劣等感を持ち不登校、引きこもりになると大変なので二次障害を起こさないように気をつけようと思いました。不思議に思ったのは、息子は勉強ができないのですが、空気は読めるし人間関係は問題がなく、多動でもなく、こだわりはあったのですが、私との関係も良かったので何の障害かよく分かりませんでした。

小学校二年生のとき、たまたまキッズのスタッフをやっていたママ友がいて、息子のことを相談すると、「ひょっとしたら学習障害じゃないかな」と言われ、キッズカレッジを紹介されました。検査を受け学習障害があるといわれ、窪島先生に将来息子はどうなるのかと聞くと、「三年生ぐらいから勉強がしんどくなって通級指導教室に通うかもしれないし、行ける高校は限られるかもしれません」といわれました。しかしそのとき私は少しほっとしました。なぜなら息子にも未来があると分かったからです。先生の言われたとおり、本人はすごく努力をしているのに、勉強についていけなくなり、気持ちが荒れているのが本当に分かりました。

学校に対しては、校長先生との会話は「交渉」だということです。私は支援のためならとにかく頭を下げる。私の頭は下げるためについているという気持ちで望んでいました。校長先生には、最初に私が望む最大の支援を提示します。学校が対応できないというと、どの辺までできるかと少しずつ私の希望を下げていって、お互いの折り合いを見つけます。そのうち校長先生とも仲良くなり中学進学のとき、中学校の校長先生となかなか会えないと愚痴ると、校長先生がすぐ中学校の校長先生に電話をしてくれて、次の日に中学校の校長先生と学年主任と面談ができました。

担任に対しては、まず息子の大変さを伝えるのは最小限にして、あくまでも支援の方法について話し合いました。先生は忙しいので、先生のスケジュールを中心に動きました。先生に愚痴を言う必要がなかったのは、キッズの時間に他のママ友と一緒に子どものことで思いっ切り愚痴を言いあっていたからです(笑)。まず担任に、月に一度面談し学校生活で問題があったら教えてもらい、キッズカレッジのスタッフに相談してその答えを持って担任の先生に伝え、先生の指導でキッズの方法で使えることがあったら使って下さい、と言いました。そのうち先生とも信頼関係でき、息子に問題があると逆に先生の方からキッズのスタッフは何と言っているか、と聞いてくるほどになりました。

また、第一に息子のプライドを大事にしたいと思いました。少しでも息子に褒めることがあったらみんなの前で褒めてくださいと頼みました。息子は自分が同級生より勉強ができないことを分かっていたので、自分に自信がないでしょうし、少しでも自信を持たせ同級生と対等にしてあげたいと思いました。そうすることで息子が自信を持ってクラスにおれると思いました。

学習では九九が覚えられず、その頃は夏休みのプリントの宿題は解けなかったので、夏休みに担任と相談して学校の宿題は絵日記と工作だけにして公文の九九のプリントを一〇〇〇枚させました。本人には、学校のプリントはしなくていいけど代わりに九九のプリントを頑張ろうと言いました。夏休みが終わって、何も書いてない夏休みのプリントはみんなと同じように提出し、後から九九のプリントを提出して、先生から丸をもらいました。

その頃、一度キッズカレッジから呼び出しがあり、息子の心の状態がよくないといわれ、注意深く見守るようにアドバイスを受けました。息子は、「まだまだ辛い思いをしなければならないけど、このタイプの子どもは後からすごく伸びる」と久保田先生から心強い言葉も頂きました。しばらくたってキッズカレッジに来たときに、本人が荒れて早退したときは、息子の気持ちが落ち着くまで石山駅の近くのおもちゃ屋に二時間以上もいたことがありました。

五年生になり勉強にますますついていけなくなり、荒れて泣いたり、自傷行為も始まりました。本人はとても真面目な性格でできないなりにものすごく努力をしていたのに、四年生の通知表の成績が悪く泣いて荒れたので、あまりに不憫でその通知表を持って学校の職員室に行って先生に「努力しても成績が取れなくて泣いている息子にどんな言葉をかけて慰めていいのか教えてほしい」言いました。先生たちもうつむいて「私たちも分からない」言われました。

私は通級教室がほしかったのですが、息子の小学校にはもともと通級教室がありませんでした。息子が拒否していたので、学校側に教室を作ってほしいとは要求していませんでした。五年生になり、算数についていけなくなったので、私は息子に通級教室に行こうと言いましたが、そのときは「みんなからバカと思われるので行かない」と言ってました。

ある日、自分で覚悟を決めたみたいで、「通級教室に行く」と言いました。私は息子がせっかく勇気をもって通級教室にいくという決心をしたことを無駄にしたくなかったので、校長先生に頭をさげ、ときには不登校になるから教育委員会に相談すると脅かし渋々作ってもらいました。また息子が自然に通級教室に行けるように窪島先生やキッズカレッジのママ友に知恵をもらい、少し長めに学校をわざと欠席し担任がクラスメイトに「U君は病気で長く学校を休んだので、算数が遅れているので一人だけ別に勉強します」と言って自然な形で通級教室に通うことができました。そのうちクラスでは、息子だけ一人で勉強できるのがうらやましいと言われるようになったそうです。

また四、五、六年生は同じ担任になってもらい、その先生が良い先生で、少しでも息子がテストの点が良いとみんなの前で褒め、悪いテストはクラスメイトに分からないようにこっそり返してくれたり、息子がなかなか教室に入れないときは後から教室に入室してもみんなは騒がないように言ってくれたりしました。

私は、学校での息子の努力は私が褒めるのではなく、学校から褒めてほしいと思い、またそれは息子にとって一番の自信になると思いました。通級教室での算数の成績は通知表には反映されないため空欄になるといわれましたが、わたしは納得できず、その時間は学校で算数の勉強をしていたのだから、その努力を認めてほしいと訴え、通級教室の担任の先生が個人で成績表を作って息子に渡してくれました。

本人のものすごい努力で小学校はなんとか無事終了し中学生になりました。小学校卒業時の息子の学力は、漢字は小三ぐらいの漢字でしたら文章に書くことができますが、しかし形も悪く、速く書くのは苦手でした。得意な科目は理解できますが、苦手な科目は授業についていけないと思いました。ローマ字が苦手なので英語のことを考えて本人の意思で入学する二カ月前から「くもん」にも通い出しました。

中学校でも通級指導をお願いしようと思ったのですが、姉が在学しているので息子が目立つ支援を受けると、姉が辛い思いをするのではないかと思い、また姉が受験生ということで姉の立場を優先して、目立つ支援は受けずに教室内での細かい指導をお願いしました。そのため中学生はあまり支援がありませんでしたが、担任を三年間同じ方にしてもらい、とにかく息子を褒めてほしいと頼みました。そして息子には各教科の提出物は必ず提出するように言いました。提出物を出すと通知表には「二」以上の成績がつくと聞いていたからです。担任は他の教科の先生にもよく息子のことを伝えて少しでも成績が上がるように頑張って下さいました。私が点数にこだわるのは、いい点がほしいと言うよりも学生生活で勉強ができないということは子どもにとって本当に切なく辛いことです。特に学習障害の子どもは親が思う以上に勉強が分かりたいと切に思っており、息子も勉強に対して人の二倍三倍も努力してもその努力が身につかない辛さをずっと味わっておりました。

高校受験は公立と私立を受験することにして、そのため進学塾には中学生の二年生の十月から行き、三年生の秋から夜十時まで塾で勉強し、土曜日キッズに行った後もそのまま塾に直行して十時まで勉強し、第一希望の公立高校に合格しました。

合格が決まった後、息子にもしも小学生の自分に言いたいことがあるかと聞くと、息子は「心配するな。ちゃんと高校生になれるから」と伝えたいと言っていました。その言葉を聞いて本当に小学校時代は辛くて将来が不安だったんだな、と思い胸が痛かったです。高校では息子が「お母さん、この学校の学生はみんな勉強しないでアホばっかりだから、僕勉強して成績上のほうにいくわ」と言ってそのとおり頑張り、三年生では最高で評定「四・七」をとり、得意な科目ではテストで学年一位をとったこともありました。大学受験の勉強も苦手な英語を公文に通い、中三レベルから勉強をし直し、また進学塾にも行き平日は六時間以上、土日は八時間以上勉強していました。本人は「一度高校受験で頑張ったので勉強することは慣れたし、それに僕は人の三倍努力をしなければついていけないとわかっているので大変だけど頑張る」と言っていました。

将来は資格を取って働きたいと言って、大学は社会福祉に力を入れていた大学の社会福祉学部に指定校推薦で十一月に入学が決まっていましたが、もう一段上の大学を受けると言って二月まで夜遅くまで受験勉強をしていました。今はアルバイトをし、サークルに入部して学年が上がったときには、本人は断ったのですが主将になりました。サークルは世界大会があるぐらい組織的に大きなスポーツで、今までやったことのない事務作業、大会運営などがあります。息子はミスすることが増え、同期の学生に迷惑をかけることが増え悩んでいました。ついに同期に発達障害があると伝えるといいました。私自身、大学まで行ったからもう発達障害はないだろうとかってに思っていたので、息子の話を聞いて驚きました。今回、息子は初めて自分の口から他人に伝えるからどうなるかと心配しましたが、本人は同期に伝えると「多分そうだと思った。U君の苦手な仕事は私達に回して。しかしこれは大事なことなので私も一緒に行くから信用できる先輩にはU君から自分のことを伝えて」と言われたそうです。その後、息子は私に「お母さんいい時代になったね。発達障害といっても分かってくれるんだ」と言ったとき、本当ならどうしてこんな風に僕を産んだのか責められてもしかたがないのにと有難かったです。

私達親子はキッズカレッジや、そしてそのとき一緒に居てくれたキッズのママ友にも本当に救われました。私はキッズの的確なアドバイスを生かし、息子の小学校時代を乗り切ったと思います。大きくなってからもなにかトラブルがある度にキッズに相談に行きアドバイスをもらっています。感謝でいっぱいです。本当にありがとうございます。

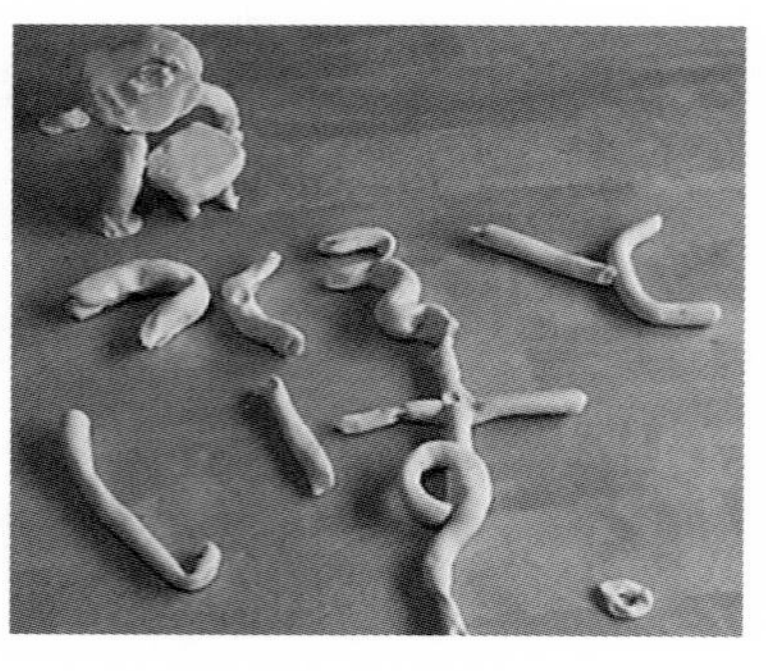

読み書きに困難がある我が子のT

―小学校から高校まで―

保護者（母）

Tは、小学校二年生からキッズカレッジにお世話になっています。現在（執筆時）、高校三年生です。進路は第一志望の大学校を推薦入試で合格し進学予定です。

Tが通っていた保育園は、朝から夕方まで外遊び、木登り、川遊び、畑で野菜作りなどの毎日で、小学校入学まで読み書きをしませんでした。小学校の担任の先生は入学間もないころからTの読み書きの問題に気づかれて、二学期の中ごろに検査を勧められました。先生は、親の不安を察して可能なら検査を全生徒に受けさせたい、と話されました。この言葉に安心したのを覚えています。教室での座席位置やノートの取り方、絵の具セットの道具に到るまで配慮してくださいました。検査結果を受けて、具体的に取り組んで行こうとしたときに先生が病気で休職されました。突然のことで後任の先生に引継ぎがなく、何も動きのないまま進級しました。

二年生の担任は新任で一生懸命な先生でした。Tや親の思いを伝えるのは難しいと感じました。例えば、クラスメイトに分からないように、「あいうえお」表を一年生の復習みたいな感じでさりげなく教室に掲示してもらえないかとお願いしました。参観時に表を探しましたら一番前の席のTの前にA４サイズの表が貼られていました。恐らく席替えと共に表も移動するのだろうと思い、また担任に交渉しました。

教育相談のときに一年生で検査して頂いた養護学校の先生からキッズカレッジを教えていただきました。キッズカレッジへの連絡は、平日（火曜と木曜の午後だったような）でしたので会社を抜け出して公衆電話（！）からかけました。何から何をしゃべったら良いのかという状態でしたが、キッズの先生はこちらの気持ちに合わせて対応してくださいました。キッズカレッジで検査を受け、読み書き障害のことを説明されました。いろいろと丁寧にお話しして頂きましたが、頭も気持ちも内容に追いついて行けずに伺っていました。当時、滋賀大のキッズカレッジに空きがなく、木曜日に開かれていた近江八幡の学習室に通うことになりました。Tからは、「僕は病気なん？」「なんでキッズに行かないと行けないの？」と。病気ではないけど、病気みたいなと曖昧な説明をして通わせました。このころのTは読み書きの困難さを深刻に感じておらず、学童を休んで行くことに周りから何でと思われることの方が強く、「普通」にこだわるTを納得させるのに苦心しました。

三年生になり土曜日の滋賀大の学習室に通えるようになりTも親も送迎の負担が軽くなりました。キッズカレッジの学習は分かりやすく、自分らしく過ごせる居心地の良い場所になり、通うことに抵抗を持たなくなりました。学習室の近くに保護者控え室があり、お母さんたちといろいろなお話をしました。最初は控え室に入るのも負担でした。先輩お母さん達からいろいろと提案されることにプレッシャーを感じていました。しかし、折角の情報を私の気持ちで決めるのでなくTにとって良いことがあるかもしれないからと取り組んでみました。定期的に担任と面談や書面でのやり取り、クラス編成や担任の決定権は校長先生にあるからと年度末には担任を通して校長先生に面談を申し込みました。初めて校長先生と面談したときは緊張で言いたいことが言えませんでした。先輩お母さんからは、「一回で上手に話はできないよ。何度も何度もしないと」、「学校とは喧嘩しないで仲良くしないと。何でも担任に相談して権限のある校長先生に理解してもらわないと」、「先生は異動があるから在校年数や定年まで何年とか地元ママ友と情報共有」と、またアドバイスしてもらいました。

学校でのTは国語の授業以外は元気に明るく過ごしていたようです。そのため、学校にいろいろと相談しても「もっと大変なお子さんがいる」、「お母さんが心配しすぎ、転ばないようにすべての石を取り除くつもりですか」、「予算がない。先生も足りない」と言われたことがありました。そんななかでも理解のある先生は宿題の量の調整、困っていないか様子をみたり声かけをしたり、キッズの研修会に参加したりしてくださいました。

家庭でのTは、段々とみんなと同じように読み書きができない「普通」でないことを悩むようになってきました。学校で頑張っている反動で宿題以外は何もしませんでした。片付け、明日の準備、身支度も手伝っていました。先生からここまでと線を引いてもらい宿題の量を調整しても、「みんなと同じ宿題をしないといけない」と、漢字の書き取り、音読を怒りながらしていました。何度も何度も書いて、私がうまく書けていると思う字もTが思う字と違うようで消してしまいます。消しゴムをかけるのも不器用なためきれいに消えず、力任せに消すからノートが破れて、「僕は何をやっても駄目や」と暴れました。私が、「宿題はしなくてもいいよ」と言うと、横で聞いていた兄が自分のときと違うと怒り始め、親子や兄弟喧嘩になりました。家の壁などに穴やキズが増え始めました。毎日、夜がくるのが嫌でした。やっと、今日しなければいけないことが終わり、ベッドで絵本の読み聞かせをしたあと、「僕は生きている意味がない」、「僕はあほや、最低や、いいとこなんかなんもない」と。「そんなことない」と言いながら答えに困った気持ちもありました。

五年生の終わりごろ、Tが「六年生になるまでに読み書きができるようにしてほしい」と話してきました。今までは「気のせいや、そのうちなんとかなる」と思っていたそうです。当時少しですが、Tと交換日記をしていました。以下、Tが書いた原文です。

ぼくは、どうやっていきていけばいいですか。ぼくは、いままっくらいばしょにいるみたいです。みんなは、みちがあっていいけどぼくはくらいやみのなかにいます。おかあさんたすけてください。みんなにみちがあるっていってたけどぼくにはなくなったんだよ。やっぱり、ふつうになりたいよ。みんなみたいになるほうほうをおしえてください。

窪島先生に相談し、先生からTに読み書き障害について話をしていただきました。頑張っても頑張ってもできないこと、苦手なことをどうしたら良いのかゆっくり丁寧にお話ししていただきました。今まで自分が感じたしんどかったことと結果を改めて考え、これから真剣に向き合っていこうとしたようです。

このときの学校の担任が超ベテランで、自分の指導方法に絶対の自信があり、他の意見は全く聞き入れない先生でした。「お母さん、安心して私に任せてください。大丈夫です」と。Tにはいろいろな指導をされ、私にはスーパーバイザーのカウンセラーの面談を用意されました。カウンセラーは「一緒に考えていきましょう」と言われましたが、この後お会いしたことはありません。担任は、私の相談は気にしすぎ程度に考えられていて、教育計画の面談は昇降口で、計画書の印鑑は下駄箱の上で押印しました。

小学校はあきらめて、中学校の体制を整えようと情報収集しました。中学校の教育相談担当は長男が中三のときの担任K先生でした。長男の高校進学の際も大変お世話になり、メールアドレスの交換をしていたので連絡はすぐに取りました。マンモス校でこの縁に恵まれるとは本当にTは強運の持ち主です。K先生は、「関係者を集めて話し合いましょう」と私の都合を尋ねてくださいました。私は入学前なのにと気にしていたら「大事なことです。気を遣って遠慮とか、先生が忙しそうとかそんなの関係ありません。T君のこと教えてください」と言っていただきました。Tの苦手なことに対して何ができるか、どうしたら良いかを考えて、たとえば音読の指名はしない、テストプリントは一旦配布するが周囲に分からないようルビ付きプリントに差し替えるなど学年団で確認してくださいました。英語の先生は、CDや手作りの単語カードを作成してくださいました。中学校のTは安心感を得て、自分の苦手なところを回りに伝えて助けてもらうことができるようになりました。平均点六〇点のテスト解答用紙返却時に、「三八点！ やった。自己最高点」と声に出したらみんなが一緒になって大喜びしてくれたそうです。友人や部活仲間に恵まれ充実した中学生活でした。

特に進路では担任の先生だけでなくK先生や進路指導の先生が教育委員会に相談してくださいました。推薦受験で面接だけの第一志望の高校に合格できました。一般受験になった場合の配慮を相談されたら、高校単位での個別対応との回答だったそうです。高校側にしたら、「試験問題を当日まで開封できないのにどうやって配慮したらよいのでしょうか」という声も聞きました。担任のM先生は高校への引継書作成にあたり私の意見や要望、入学前面談時も何か伝えておくことはありますかと確認してくださいました。高校では、全プリント（部活の予定表も）がルビ付きになっていました。中学校から高校宛に正式に引継を受けた初めての生徒だったと聞きました。担任は、T君のお陰で随分助かっている生徒もいると思いますと言われました。

窪島先生から、「高校生になったら化ける」という話を聞いていましたが、本当でした。高校入学後は、部活動を優先しキッズカレッジに通わなくなりましたが、あの悩みと苦しみはどうなったのかと思うほどです。T自身も張り切りすぎて高校三年間もつかなと心配していましたが、みなさんに助けていただきながら高校生活を終えようとしています。

Tは運が良く縁に恵まれたと思います。大事なときに良い先生に出会い、優しい友人、好きなスポーツ、将来の夢をみるきっかけをくれた祖父母、そして、何よりもキッズカレッジです。何かあればキッズがあるという安心感とキッズで粘土を使った学習、先生方の「Tちゃん」と呼んでくださる声に慈愛があり、Tに自尊心を持たせていただきました。今は、来春の大学校入学後に備えて、またキッズカレッジに通わせてもらっています。この運と縁がなかったら、Tと家族はどうなっていたでしょうか。また、我が家は共働きでしたのでキッズカレッジに通えました。長男が遠方のときは経済的に大変でした。義務教育中は、公的機関で実態に則した制度や障害に合った選択肢、専門の先生、読み書き障害に理解のある先生がもっと増えてほしいと願っています。

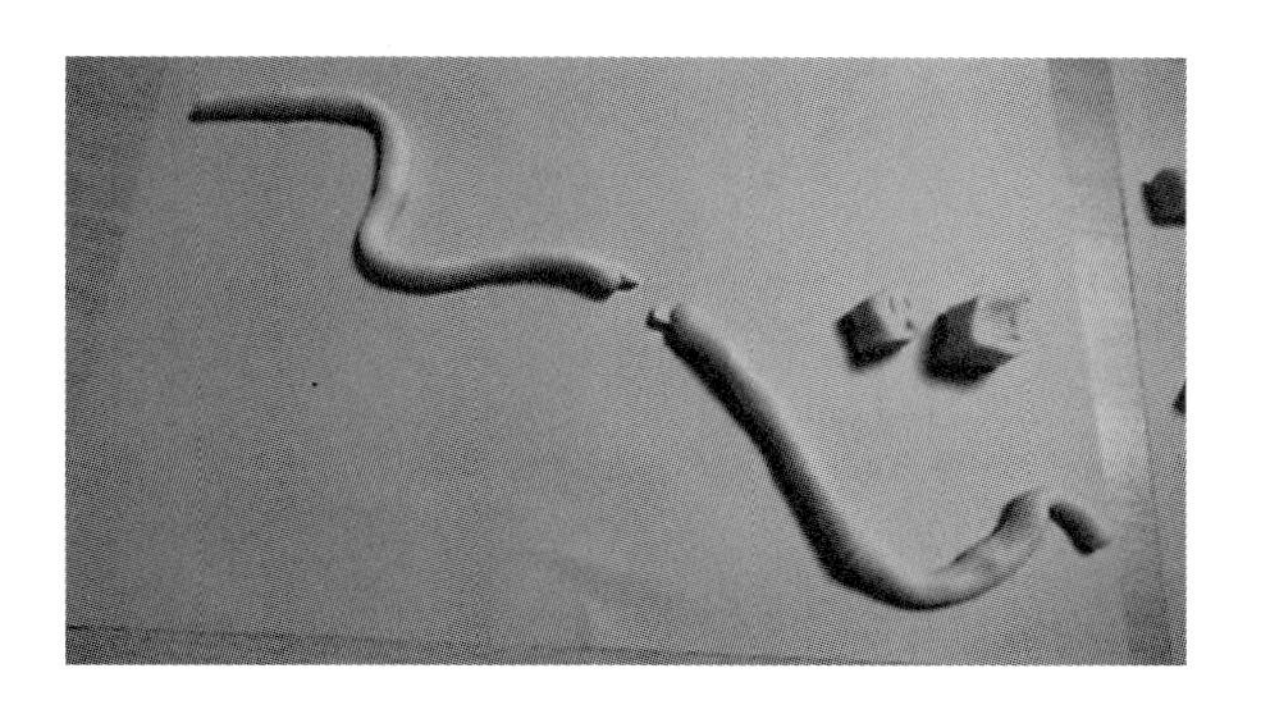

二匹の蛇が向かい合って「対決」

その後のT

保護者（父）

Tは今年（二〇二〇年）の一月二十八日、二十歳になりました。

その成長を中学生になったころから振り返ります。親の気持ちを思い出しながら。

中学生のころ

長かった小学生時代も終わり、Tは中学生になりました。小学校時代の友人は、同じ中学校に入学しますから人間関係は継続します。学校での勉強は、わからなくて大変そうでした。親としては日々の勉強についていけているのか心配だったのですが、あまり学校でのことは家では話しませんでした。

部活は、小学校からやっていた野球ではなく、なぜか軟式テニス部に入りました。あまり知っている子どもたちに会いたくないのかも知れないと思いましたが部活は楽しそうでした。そのころ、私たちが一番心配したのが高校入試でした。**とにかく私立でもいいから高校に入ってほしいという思いは親の本音でした。**

なんと最初に受けた近くの私立高校に受かりました！　このことは親としてはとてもうれしかった。私立高校がだめなら働くか、夜間高校か通信制の高校しかないなぁと思っていましたから。本人もうれしかったのかメールで親に知らせてくれたことを今でも覚えています。とりあえず入学金を払ってその高校に入学する気ではいましたが、公立高校も受けてみようと本人は思ったようです。ところが公立高校も受かりました。

二度目の奇跡が起こったと私たちは思いました。

高校のころ

入学した高校は、京都各地から特徴的な子どもたちが来ることで有名でした。入学式では髪の毛を染めたり、服装が派手な子どもたちが多いなぁと感じました。しかし、当時は私服だし、何よりも生徒の自主性を重んじる校風でした。二人の兄が通った高校でもあります。先生の言葉で覚えているのは「**この高校に入った子どもたちは最初不満だが、卒業するときにはほとんどの子どもたちが満足している**」という言葉でした。

Tは、一年生から硬式野球部に入り、毎日練習に励んでいました。その高校は強くはないし、むしろ弱い方で、一勝するのが大変な状態でした。Tは二年の秋からの新チームでは「主将」を務め、部員の先頭に立っていました。しかし、チームの不振と監督と部員の間のストレスから「主将をやめて野球部もやめる」と言い出しました。そのときは家の引っ越しもあり、精神的に不安定だったかもしれません。その後部員たちが、何回か家まで来て話し合っていたようですが、あまり大した話はしていなくて世間話に終始していたようです。「ドラマみたいにはいかないなぁ」と思った記憶があります。そんなこんなで辞めるのかと思いましたが、いつの間にか立ち直り、また野球に精を出し始めました。三年の夏の大会も一回戦であっさりと負けてTの短い野球部生活は終わりました。

三年の八月ごろから、通っていた高校の先生で、私の大学の先輩でもあった先生のところに週一回通うようになりました。特に苦手な数学を徹底的に教えてもらいました。内容は高校一年に戻っての勉強でした。数学はこれまで避けていたから、この時間はTにとってかなりつらい時間だっただろうと思います。しかし、終わりのほうでは「数学は避けていたが、かなり自信がついて逃げなくなった」と言っていました。さぁ、**卒業後はどうするか次の心配です。大学に行くか！　専門学校に行くか！　それとも働くか！**

大学に行っても、四年後に進路を決めなくてはいけない。専門学校なら、資格も取れるし、就職も有利になる。資格は、「作業療法士」に決め、市内の専門学校にしました。その学校のAOにも参加し、早くに内定をもらいました。

専門学校のころ

入学した喜びと不安を胸に学校に通うTを見て、私たちは「四年間まともに進級できるだろうか？」、「卒業できても国家試験に受かり就職できるだろうか？」とまたまた将来を心配するようになりました。実際、二年生に進級できなかったり経済的な問題や身体的な問題で学校を辞めた学生が何人かいました。たまたま、学園祭を見に行ったとき、Tは参加者に様々な検査のデモをしていました。クラスの模擬店にも行きました。模擬店の売り上げが良かったことを自慢気に話していました。学校生活を満喫しているようでした。成績はクラスの真ん中ぐらいでしたが、テストはかなりストレスのようでした。現在、進級に関わる試験中ですが、毎日遅くまで学校に残って勉強しているようです。二年から三年への進級が一番難しいと聞いています。クラスの役員もして、クラスの雰囲気を盛り上げていると担任の先生から聞きました。

私たちが思うこと

私たちは、Tには学習障害がありますが、普通に接しようと思っています。小学生のころはそのことがなかなか受け入れられず「何でうちの子が」との思いが強くてなかなか前に進めませんでした。そのころからキッズに通っての経験や先生との懇談の中で少しずつ気持ちが落ち着いてきました。小学生、中学生、高校生と学年が進み、今専門学校に行っていますが、私たちの心配をよそに本人は次々とクリアーしていっています。もちろん本人の努力が一番大きいですが、私たちの対応も少しは役に立ったのかなぁと思っています。

過剰に叱らず、励ましもせず普通に接したのが良かったのかなぁと思っています。

今一番悩んでいるのは、本人にいつ「学習障害」のことを話すか、このまま話さずにいけばどうなるだろうかということです。話せば、本人が過去に悩んでいたことが少しはすっきりすると思いますが、そのことでこれからのことをあきらめるかもしれません。知らなければ今までのように頑張るかもしれません。

後日談

その後、三年生に進級し、お父さんと一緒に旅行したTくん。

〝自分の学習障害のことは知っている。国家試験に合格したら、みんなに自分のことを話したい〟と語った。

学習障害バンザイ！　みんなちがってみんないい

保護者（母）

この本を手にされた皆さんはきっと私と同じように我が子の今や将来のことに不安を抱え、中には藁にもすがる思いでこの本を読んでおられる方もいらっしゃることと思います。出版にあたり手記をとのお話をいただき、正直何を書いたらいいのか悩みました。なぜかというと、その時々で戦いと葛藤の記憶はあれど、あまり深く困った記憶がないのです。それは学校でもキッズでも自由気ままな息子を気長に見守って下さる先生方に出会えたことが幸運としか言いようがなく、本当に感謝しかありません。明るくて人が好きで、好き勝手する割に思いやりだけはある子に育ってくれたのは、温かく見守ってくれる大人がそばにいて下さったからだと思います。

息子は現在私立高校の二年生

小学校に入学してすぐ読み書きが困難とわかり、小四から中三まで支援級に在籍しながら、小一の二学期、中学卒業時までの約九年間をキッズカレッジでお世話になりました。キッズに通い始めたころは机の上を飛び回りじっとできず、他のお子さんの邪魔になるのと、一人がいい！というわがままで別室指導。にもかかわらず、毎回集中できず早く切り上げ外に出て遊ぶ始末。それが楽しみでキッズに通っていたような感じでした。

中三の受験直前だけ人生最初で最後かと思うくらい（と言っても通常の受験勉強からは程遠い程度）勉強らしきことをして何とか高校には進学。欠点スレスレながら一応落第せずにここまできました。興味のあることには物凄く集中するのか、何をやっても短期間で相当なレベルまでいくのに長続きせず、飽きたらまた別のことを始めるという繰り返し。「あんたは何が得意なん？」と聞くと「広く浅く何でもできる」と返してくる。口だけは達者な今時のビジュアルな高校生。そんな息子を持つ現在の私から皆さんにお伝えしたいことは、「大丈夫、子どもは自分なりに悩み模索しながら自分のペースで成長する」ということです。でも親として不安でいっぱいでは？　もちろん不安だらけです。が、その不安の正体とはいったい何？　それはどこからやって来るのでしょう？

親として、「普通は　」、「一般的には」、「世間は」……。そんなネガティブワードが私は思い浮かびます。それよりも、親の思う理想に子どもをはめようとせず、できないことを無理にさせようとせず、できることに目を向けそれを伸ばすために協力する。私自身がそう思考を変えると、不思議なことにこの子はどうしようもない、いったいどうすればいいのか？と、親である私を不安のどん底に陥れてくれる（笑）我が子の見え方がまったく違ってくる気がするのです。息子が小二のとき、参観でこんなことがありました。

授業も終わりに差し掛かり、先生が「机の上を片付けましょう」と言ったとき、息子だけ立ち上がり教壇の本や授業で使ったものを整理し始めました。当然先生から「席に座りなさい」と注意されるもニコニコ知らんふり。それどころか、ドヤ顔。みんなと同じ行動ができない学校的にはＮＧな子の典型。言うことをきかないダメな子のレッテルを貼られてしまいがちです。

発達障害を持つ子ってそんなお子さん多くないですか?　親としてはヒヤヒヤしますよね。でも、その様子をじっくり観察すると、なるほどこの子はひとつふたつ先を読んで行動してるのか?と気付きました。家に帰って、なぜあんなことをしたのか尋ねると、「だって後で先生が片付けなアカンから先に片付けてあげた。机は後からでもいいやん」。やっぱり、発達障害の子は良くも悪くも自由に、思ったまま行動してしまいがちです。それは学校やクラスではダメであっても、考えようによってはむしろ将来的には必要な能力であったりもします。人ってそもそも同じである必要もないですしね。

昭和から平成、そして令和へと変わり、人の在り方、社会の構造が今までの価値観から大きく変わろうとしています。そのことを日本のみならず世界中で感じる時代です。資本主義の概念は崩れ、新たに感性主義の時代がそこまでやってきていると唱える学者もおられます。ちょっとめんどくさくて、いい意味で少しだけポンコツで個性的で、素直で感性豊かで、自由な発想で物事を捉えることができる発達障害を抱える子どもたちが、これからの時代はきっとその素晴らしい才能を開花させていくに違いありません。変わるべきはこの子たちではなく、頭の固い私たち大人!　そう自戒し、今日も我が子を観察している私です。

生まれてきたすべての者は、必ずその人にしか果たせない役目を与えられてこの世に存在するそうです。私たちの愛する我が子は、少々生きにくいハンデを背負って生まれてきたのかもしれませんが、きっとその与えられた役目をしっかり果たすことでしょう。時には心が折れそうになるときもありますが、今後我が子が歩むであろう明るい未来への期待も込めて今はそう考えています。

現在高二の息子はずいぶん成長したとはいえ相変わらず読み書きが苦手です。勉強なんて大嫌いです。でも働くのは好き！とスーパーでアルバイトをしていて、そこでは某国立最難関大学を中退した年上の若者の指導も担当しているそうです。世の中何が起こるかわかりませんね。

何が良くて何が悪くて、何が正解で何が間違いかなんてわからない。自分の持てる力を自分なりに駆使して日々直面する困難を乗り越えながら、少しずつではあるけれど逞しく成長していく我が子の姿は頼もしくもあり、手を出し過ぎず見守り続けようと思う今日この頃です。

発達障害バンザイ!!　みんなちがってみんないい。日々我が子に教えられています。

ある日のSくん

Sくんは、高校三年生の夏の夕方、突然「いまから行っていいか」と電話をしてきた。就職が内定したから報告に行きたい、ということだった。高校生になってから初めてのキッズカレッジ訪問となった。彼は、読み書き困難が決して軽くはなく、高校入試直前にアルファベットで混乱していた。しかし、自己認識があって苦手なことを隠さず、しゃべりの能力が高いことはキッズ時代からスタッフはよく知っていた。彼を知るスタッフは全員、彼は高校に入れば大丈夫、と確信していた。就職先は学校の紹介ではなく、自分でアルバイトを通じて見つけた。将来は起業も考えている、と。自分の特性を十分捉え、それを生かす道を自ら切り開いている。これからいろいろあることも分かっている、と。将来について熱く語る彼が輝いて見えた。

（キッズカレッジスタッフ）

就職内定しました！

保護者（母）

「発達障害、自閉症ですね」

三歳の頃、市のわんぱく教室で勧められて発達診断を受けたときに言われました。「何、何？」。無知な私はただただ怖くて、悲しくて、涙が止まりませんでした。「一を聞いて、十を知れないんですよ」と言われ、受け入れられない私は、「千も万も私がおしえます」と思いました。自閉症の教室は定員オーバーで通うことはできません。私たちは、どうすればいいのか分からず、勝手に大丈夫、大丈夫と思ってそのまま時を過ごしていきました。

幼稚園のお友達に「自分のことしか話さないから、遊ばない」と言われました。

園長先生に、「小学校は普通クラスで大丈夫ですよ」と言われ、通級は利用しませんでした。三年の頃、小児医療センターを受診し、検査を受けて結果を学校に提出しました。これで学校が対応してくださると、勝手に思い込み、安心していたら、検査結果が紛失していたことを一年後に知ることになりました。県の発達障害者支援センターに、私の不安を相談したとき、「生活できているし、何を心配されているんですか」と言われ、不安は解消されないまま、終わってしまいました。

日々に流され、何をどうすればいいか考えられず、答えのないまま、中学生になりました。やはり、勉強がわからない、高校にいけるのかと、学習支援を受けることになりました。そして、「薬を使っては」と言われ、小児医療センターを再受診しました。薬はいらないと言われました。それならどうすればいいのか、相談したとき、キッズカレッジを教えていただきました。

三歳で自閉症と言われ、不安から考えることから逃げている間に十年の時間が過ぎていました。中学二年の秋でした。ようやく相談して納得できる答えがいただけるところが見つかった思いでした。でも、それよりも息子が「少し分かる気がする」と言ったこと、「緊張してたけれど楽しくなってきた」と言ったとき、ここに来られてよかったと心より思いました。

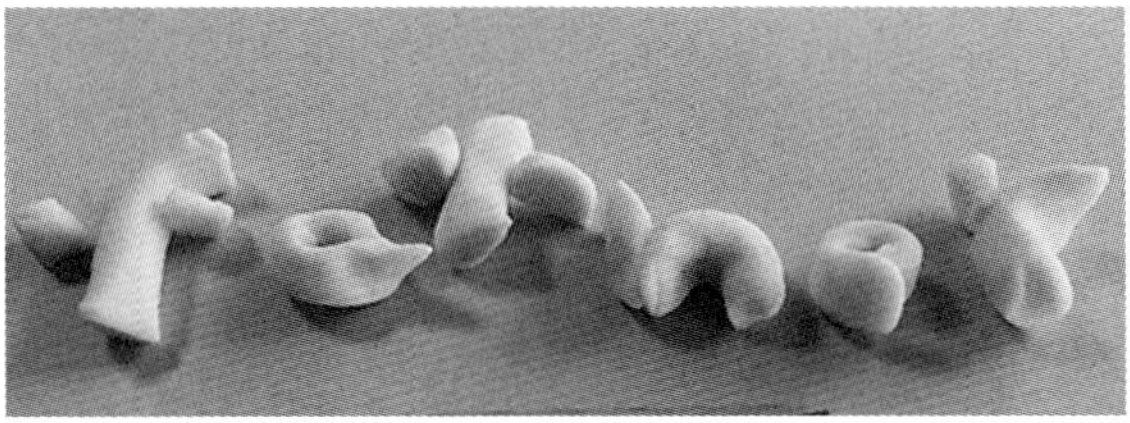

すぐに、中学三年生、受験生になりました。苦手なことがほとんどで、文章を自分で考えて書くなんて、美しい文字を書くなんて、今までできないことだと思っていました。

それが、学校に提出する文を、キッズカレッジの先生に指導していただいて、最後まで自分の手で仕上げたのです。今まで見せたことのないきれいな文字、しっかりとした文章でした。提出して評価されることよりも、仕上がった文章が本当に嬉しくて、彼も頑張ったと思います。けれど、その頑張りを引き出して下さった先生方に感謝しかありません。希望する高校に入学し、春に三年生になりました。キッズカレッジの高校生ミーティングで仲間と話し、先生方と話し、彼は自分らしく成長してくれています。キッズカレッジで過ごした時間、向き合って下さった先生、話

粘土文字 father

した仲間、頑張った自分、そのすべてがこれからの人生を支えてくれると思います。

親が不安だけで何もできなかった時間を、余りある愛情で支えて下さった皆さまに感謝でいっぱいです。

ありがとうございました。

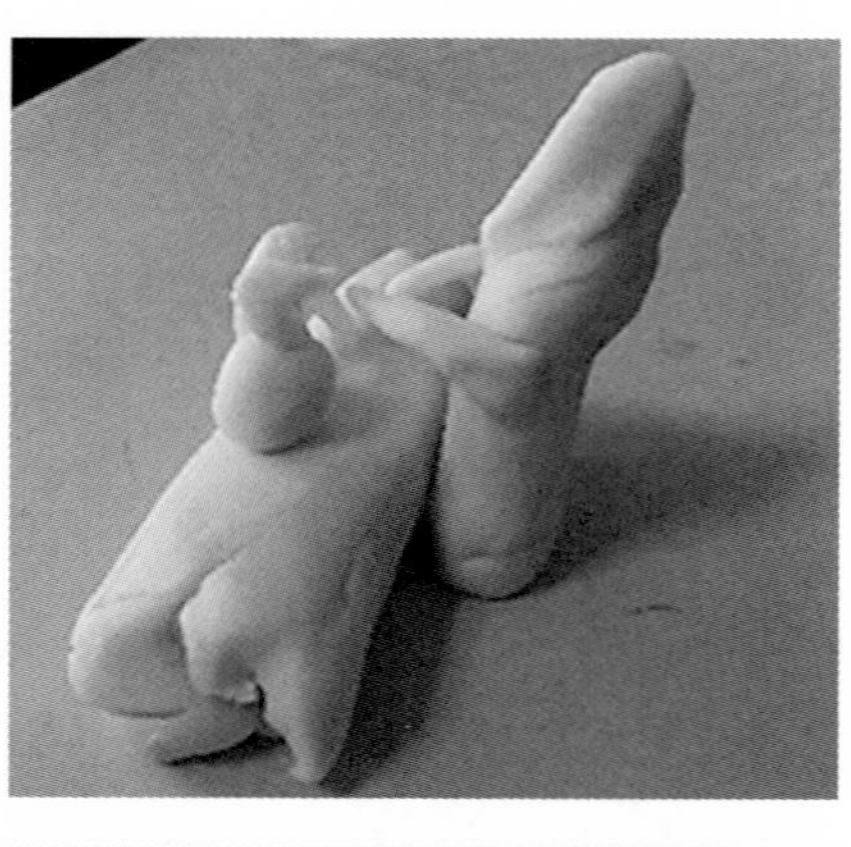

Sとのかかわりを通して

保護者（母）

「手記を書いてほしいのですが」と言われ、この経験の中で私が感じたことはなんだろうと振り返ったとき、皆さんにお伝えしたいのは「人との出会い」と「タイミング」だと思いました。たくさんのしんどい経験を積み重ね、高校受験を乗り越え、自分の希望した道を進んでいけることになった今、親とのかかわりだけではここまで進んでは来られなかったと、心から感じています。

困ったときには、必ず必要な人との出会いがありました。そして適切なタイミングでの支援があったと思っています。子どもは自分では支援の内容を選ぶことはできません。そこには親の考えが強く影響を与えています。親が拒否してしまえば、たとえ適切な支援方法だったとしても、それを受けることができません。親も迷い苦しんだ中で、いろいろな選択をしていると思います。それが悪いとはだれも言えないと思います。

私が常に考えていたこと、それは「とりあえずやってみよう」でした。いろいろな支援の方向性がある中で、最初からだめだと決めつけずとりあえずチャレンジする。その結果、彼に合わない支援方法であったなら、その経験を踏まえ、違う方向からのアプローチ方法がないか考える。常にこの繰り返しだったと思います。

今でもこれでよかったのかと思う日々ですが、彼の人生の中で、親との関りだけでは決して乗り越えてはいけなかったことが、いろいろな人との出会いを大切にして、支援のタイミングを逃さないことで、自分で判断し、どうしていくことが良いのかを考え進んでいけるまでになりました。しんどいこと、つらいことがたくさんあると思いますが、一つ一つの経験が今の彼を作っていったと思っています。こんな私たちの経験が、今後の皆さんの参考になればと思い支援の経過をお伝えしたいと思います。

保育所生活

生後四カ月から保育所へ入所。特に成長の遅れもなく、問題になるところは感じずに過ごしていました。一人っ子だったため、一対一の関わりとして過ごしていく中で、普通に成長しており、特に強いこだわりや、多動などの様子もなく日々を過ごしていました。ある日、保育所に迎えに行くと、乳児の主任さんと話す機会がありました。「彼は大人に甘えることがあまりなく、何か気になる。とっても心配なんです」と。彼のしんどさを、長い保育士としての経験の中から感じ取ってくれたのかもしれません。その後、特に目立つ問題行動もなく過ごしていました。そして、四歳児クラスになったとき、窪島先生との出会いがありました。保育所の巡回訪問のときに彼を見て、クラスの中から飛び出すことはないが、先生の話を集中して聞くことができていないため、小学校にあがるときにしんどいかもしれないと。保育所の所長より話を聞いたときには、どういうことなのだろうと考え、何をしたらよいのかまったくわからず、親として何をすべきなのか、不安に押しつぶされそうになっていました。

私は看護師ですが、発達障害については全く知識がなく、私がこれから彼にどのようにしていくのか、まずどう動くべきか考えました。そこで出会ったのが、同じクラスに発達障害の子どもを持つお母さんでした。自分の子どもも発達障害があるのですが、仕事としても保育士として発達障害がある子どもたちの支援をしている人です。話をしたことがないので、とても迷いながら電話をかけました。所長から言われたことがどういうことなのか、私はこれからどうするべきか、話しているうちに涙が出てしまいましたが、そんな私の話をしっかりと聞いてくれ、適切な助言をくれました。この出会いが今も続いており、私の心の支えとなっています。もらった助言は三つでした。

・まず市の発達相談の予約をする（予約をしてから三〜四カ月先になるので早めに予約すること）
・予約の順番が来るまでは、関わり方を考えながら自宅での様子や保育所での様子をみる
・発達相談は、彼の苦手なことやしんどいところを知るためのもの、そして、それに対してどう関わることが良いのかを教えてくれる。それは、もし発達障害がなかったとしても、子どもにとってはとても大事なことだから、受けることが悪いことではない。彼のためになるから、発達相談の結果が出ても悲観しない。

何をすべきかわからなかった私にとって、とても分かりやすく、そして自分を責める必要はないと優しく寄り添ってくれ、私が悩むより、「彼がこれから生きて行くためにどうすべきか」を考えていこうと思えた瞬間でした。そして発達相談の日、保健センターに行くと、そこには窪島先生がいました。彼の状況を見てもらい、多動とはどういうことか、関わり方、今後の方向性として、病

院受診をして診断をもらえば服薬治療という選択肢があることなどの助言をもらいました。

服薬に関しては、なかなか受け入れられる親が少ない、服薬しても効果があるのが半分ぐらい。さらに効果があっても副作用があり、薬を飲み続けることができない場合もある。そして何より、発達障害の子どもたちを見てくれる医療機関が少ないということでした。私の中で、診断がつき効果がある薬があるのならなぜ飲ませないのか、とても不思議な感覚でした。風邪をひく、喘息になる。効果がある薬があって治療のために飲む。なのに発達障害というだけで、薬は飲ませたくないってなるのはなぜだろうと。内服ができて、効果があったとしても、副作用があり飲み続けることができないかもしれない。ならば早く飲ませてその効果があるのかどうかを判断していく。もし服薬が無理な場合は次にどのような支援をするべきかを考えなければと、私には何の迷いもありませんでした。親が拒否することで彼のしんどさが軽減するかもしれない選択肢を減らしたくない。できることがあるならとりあえずやる。その思いだけでした。病院受診をしようと決心してからも大変でした。保健師さんと受診先を探し予約をしてやっとの思いで受診。しかし病院の先生に言われたのは「うーん、多動かなぁ。どうだろう。お薬ほしいならとりあえず出しておきますが」という言葉でした。

発達障害は、これから先長い支援が必要となる。だからこそ主治医となる先生は納得できる人でないと後悔するだろうと思い、「私この先生とは合わない。せっかく受診できた病院だけど」と主人に言いました。このころの主人は発達障害のことは理解していませんでしたが、彼のために必要なら と病院受診も反対せず協力はしてくれていました。これからずっと病院に連れていくのは私だから、長い付き合いになるだろうし、「合わないと思うなら違うところにした方がいいんじゃないの」と言ってくれました。その一言でやっぱりこの先生ではと思い、窪島先生に相談しました。そこで紹介してもらった京都大使道診療所の尾崎先生との出会いで、進むべき道が見えたような気がしました。そこから、コンサータの服薬が始まりました。保育所の年長でした。保育所でも初めての服薬。いろいろな面で気にかけてくれていました。保育所の先生がびっくりするほど効果があり、集中力も上がり、本当にしんどかったんだなと改めて感じたと言われるほどでした。

「小学校になると福祉の連携が切れてしまうので、何か気になることはない？」と最後の発達相談のときに聞かれ、文字が読めないのではないかという相談をしました。そのときに初めて、重度の読み書きの障害があることが分かりました。進学まであと少しと言うタイミングでの学習障害の発覚。「またかぁ」というのが正直な感想でした。なんでこんなにしんどいことが重なるのかな。神様はいじわるだなと。でも、そんなことはいっていられないので、これからどうしようかと思っていたときに、窪島先生から学習障害の子どもたちのための学習室をしているので、来てみますか？と声をかけてもらえました。保育所生活の中で、窪島先生、主治医の尾崎先生に出会えたこと、それが彼にとっての第一の出会いのタイミングだったと思います。

小学校へ入学

いよいよ小学校へ入学です。一年生は普通学級を選択しました。初めての学校生活、彼がどこまでできるのか、何がしんどいのかを見極めて、今後の支援の方向性を決めていこうとチャレンジでした。読み書きの障害に対しては、言葉の教室で通級指導をしてもらおうとしましたが、進学した学校内にはなく、「ほかの学校に移動しての、放課後の学習になり、送り迎えを必ず保護者がしなければならない」という非常に厳しいものでした。私たち夫婦は、二人ともフルタイムで仕事をしており、毎週送り迎えをすることはできないため、あきらめるしかないな、と思っていました。そんなとき、教育委員会から電話があり、今通っている学校で、通級指導教室をしていく予定で、今年試験的にやってみることになったので、彼に受けてみませんか？と。無理だと思っていたことが、また一つかなった瞬間でした。

学習障害が分かったタイミング、窪島先生が学習室をしていたこと、小学校の通級指導教室のスタートのタイミングなど、本当に適切なタイミングで適切な支援に出会える子だなと思いました。一年生の間で、友達との距離感やコミュニケーションなど戸惑うことが多かったですが、学校の先生や学童の先生がしっかりとかかわってくれて、大きな問題にならずに過ごすことができていました。そのような中、読み書きの障がい、集中力がない中で、困ったことが出てきました。それは学校の連絡帳を書いてくることができず、明日の準備ができないということでした。病院の先生は、彼のしんどいところだから無理なら学校の先生に書いてもらったらよいと思うと言われ、担任の先生に現状を伝えました。そこで先生からもらった答えは、「彼と相談します」でした。どうするのだろうかと思っていると、「できない」ではなく、「どうすればできるのか」を彼と一緒に考えてくれました。どの時間になら連絡帳が書けるのか彼と相談し、彼の意見を受け止めて、みんなの連絡帳を書く時間を変更してくれたのです。それからは、毎日書くことができるようになりました。一年生の担任との出会いは、彼の自信をひとつずつ積み重ねてくれ、最終の成績は「がんばろう」が一つもない状態で、とてもスムーズに学校生活に入ることができたと思います。この状態なら、二年生でも普通学級で行けるだろうと判断し進級しました。しかし担任が変わり、彼の言動に変化が出てきました。「僕はバカだから」、「僕がバカだから悪いんだ」。自己肯定感が下がり、学校生活がとてもしんどいようになっているなと感じました。成績も下がり、自信もなくしこのままではどうなのかと、迷い不安が出てきた頃でした。

そんなとき、クラスで彼に対していじめのようなことが起こりました。彼の引き出しに油性マジックで「しね」と書いてあったのです。たまたま同じ職場の人が学校に行ったおり、その場を見ていたようで、私に教えてくれました。仕事が終わり、彼を学童に迎えに行く前に、どのような状況だったのか、彼はどのような反応だったのか、それに対して学校としてどう対応するのか先に話を聞いた方が良いと思い、学校に行きました。教務主任の先生がしっかりとかかわってくれていたようで、彼とそれをしてしまった友達と話をして、ごめんなさいもできていたようで、彼も納得していたということでした。結局は言葉の行き違いで、彼が友達に言った言葉で傷つき、イライラして書いてしまったと。しかし彼自体はそのことは覚えておらず、人との距離感、コミュニケーション、空気が読めないなど、彼のしんどいところが出てしまっているなと感じました。

支援学級への転籍

今の状態でいることが良いのかと悩んでいたとき、主治医の先生から、三年生は支援学級のほうが良いのではないかと言われました。情緒面でも、学習障害の面でも、普通学級でのフォローは難しくなる。担任の力量によって、彼の自己肯定感が下がり続けると、のちに二次障がいなどを起こすことも考えられるからと。私も自宅での学習フォローもそろそろ難しいと感じていたときだったので、主人に支援学級へ移行していきたいことを相談しました。主人は、はじめは、本当に普通学級は無理なのかと言っていましたが、私がこれ以上学習のフォローはできない。もし学校で友達とトラブルになったときのことも考えてほしい。どちらも、私は対応していくことは難しいので、そこをやってくれるなら普通学級をつづけてもよい。また、学校側は、支援学級は両親が二人とも納得していないならやめた方が良いと言っている。両親の支援の方向性が違うことは子どもの情緒が不安定になるから、どちらかが反対ならやめましょうと言われていることなどを伝え、どちらを選ぶのか考えてもらいました。

結果、普通学級で頑張ってほしいが、仕事も毎日遅くほとんど関わることができない以上、無理やり意見を押し付けることはできないし、私が彼にとって支援学級が必要と言うなら行かせたらよいと、三年生から行くことに納得してくれました。三年生から支援学級に行かないかと彼に話をしたとき、はじめは嫌だと言っていました。初めての環境は見通しが持てず、不安しかなかったようで、どのようなところなのか、一回お試しでいくように伝えても、いやだの返事しか返ってきませんでした。しかし、このまま納得していない状態で、支援学級に移行することはできないため、通級指導教室の先生の協力を得て、支援学級の先生に一回頑張っているところを見てもらおうと説明してもらい、お試しの授業を受けることができました。

その結果どうしたいのか彼に聞くと、支援学級に行きたいと言いました。あれだけ拒否していたのに、自分の意志ではっきりと選んだことにびっくりし、どうしてなのかと聞くと、「上のクラスは、自分がわかっているのか、ノートが書けているのか関係なくどんどん進んでいってしまうけど、支援学級の授業は、ちゃんと待っていてくれる。ちゃんとノートもかけてから次に進むから、授業が分かる」と、彼の中でしっかりと支援学級の良さが理解できたんだなと感じました。三年生になり支援学級に行くようになっても、いろいろなことがありましたが、その都度先生たちが根気強くかかわって頂き、一つ一つ積み重ねていき、大きく成長できた小学校生活だったと思います。学校での適切なフォローは、親の負担の軽減にもなり、安心して学校生活を送ることができたと思います。学校が嫌いになり、「行きたくない」となることだけは……と心配していましたが、気がつけば六年間一日も休むことなく通い続けることができ、そのことも彼の大きな自信になったと思います。支援学級の先生方との出会いが、彼の第二の出会いだったと思います。

中学校への進学

中学に進学するにあたり、普通学級にするのか支援学級のままで行くのか、まずそこからのスタートでした。小学校とは違い、中学校で支援学級に在籍することは、その先の高校受験を見据えたとき、かなりのハンデとなります。小学校から中学校への進学は、彼にとってかなりの負担となります。ただでさえ年度末は苦手で、クラス替え、担任の交代など落ち着かない状態となるのですが、新しい環境、新しい友達、勉強の科目も増える、いろいろなルールなど様々な変化の中で、さらに彼の負担になったのは中学生に求められる「自立」ということです。みんなには普通のことかもしれません。しかし、小学校の支援学級で、常に声をかけてもらい、確認をしてもらいながら、一つ一つをこなしてきた生活から、急激に手を離され、求められる「自立」。負担にならないわけがありません。

彼と相談した結果、やはり普通学級はしんどいということで、支援学級への進学を決めました。親としても初めてのことばかりで、中学校の支援学級の在り方すらわからず、小学校で受けてきた支援方法が、まったく受け入れてもらえない現状に、どうしたらよいのかと悩むばかりでした。国語、数学以外は協力学級で授業を受けていたため内容もどんどん難しくなり、授業内容が分からなくなっていく。でもそれを誰にも伝えられず、日々すぎ去っていく毎日。とてもしんどかったと思います。

ある日、社会のテストの点が悪く、授業難しいの？と確認すると、涙を浮かべながら、授業内容ではなく、

「習っていない漢字がたくさんあり漢字が読めない、先生が気にしてひらがなで書くと、クラスのみんなが、なんで漢字で書かないのかという。漢字が難しいからノートを書くのに時間がかかり、書いている間に進んでしまうから分からない」と。読み書きの障害が、そんなところにまでつながってくるんだなと感じた瞬間でした。授業内容はわかっていても、漢字が分からないから、書いてある内容が分からなかったり、ノートを書くことに一生懸命になり話が聞けなかったり、そんなつらい状況でも、親にも先生にも伝えることができないのかと、彼のしんどさを痛感し、気づいてあげられなかったことに、申し訳なさでいっぱいになりました。どうすることがいいのか、ちゃんと先生と相談しようと話しました。授業内容が分からないのではないので、学年進度の授業を支援学級で少人数でしていきましょうと、彼と話した中で決めてくれたようで、以後はしっかりと授業を聞くことができるようになりました。

サッカーを続けて

いろいろな壁にぶつかりながら進んでいった中学校生活。小学校から続けていたサッカーでも大きな壁にぶつかりました。小学校とは違い、すべて自分たちで行うことが原則となり、集合時間と場所だけが伝えられる。その時間までに行くために何時に行くのかなど、友達同士で待ち合わせして集合場所に行く。ここでも自立が求められていきました。ある日、待ち合わせの時間にちょっと遅れていくことがありました。友達が誰もいません。ギリギリまで待っていましたが、誰も来ない。電車の時間ギリギリになり、急いで駅まで送っていきました。みんな駅にいました。約束したのにいなかったことも問題ですが、彼自体がぎりぎりの時間に行ったことも問題、誰かが残って待っていればよかったのではないかなど課題はいっぱいあり、でも彼からみんなと話し合いをすることは難しい。少しいじめに近い感じもあったため、もう続けることは難しいのではないかと思い、コーチと話をしました。

「もしかしたら彼がサッカーをやめたいというかもしれません。でももう中学生なので、親として口出しはしないつもりです。自分で解決できなければ、これから先も続けることは難しいと思うので、やめたいと言ったらやめさせます」と伝えました。すると、一回みんなと話をします、と言われ一緒に待ち合わせしていた全員を集めて話を聞き取り、みんなが悪かったところ、そして彼自身の悪かったところ、これからどうするのかなどしっかりと解決するまで話し合いをしてくれました。彼の中で、親や先生などの支援者意外で自分の話をちゃんと聞いてくれる大人がいる、ということが安心感につながり、少しずつですが、自分から困っていることなどコーチに伝えることができるようになりました。このコーチとの出会いが彼にとっての三つめの大切な出会いだったと思います。いろいろなことがありながら、少しずつ友達とも気持ちを伝えることができるようになっていきました。

三年生になって

いよいよ三年生です。受験に向かって考える時期が来ました。支援学級の担任も変わり進学について話をしていきました。彼は四月の段階で行きたい高校が決まっており、先生にも伝えていました。三年生になったときに、数学以外は学年の授業内容を受けていました。本当に頑張り、数学以外は「3」の成績となり、頑張ればなんとかなると思っていました。しかし、現実は厳しく二学期にはいり、高校のオープンスクールに行った際に、評定で「1」がある段階で、高校側は「合否判定のラインにも上がらないです」と言われました。このとき、人生の分岐点大きな壁にぶち当たり、もうどうにもできないなと思い、進学をあきらめるしかないのかという気持ちもありました。とりあえず塾に行って遅れている分をしっかりと勉強しないといけないと思い、塾の申し込みをしたのが十一月。本来であれば遅すぎる時期です。もうどうすることもできないと思っていましたが、塾の先生の助言もあり、二週間でできるところまでテスト範囲を教えるので、学年進度の数学のテストを受けられないか、学校と相談してほしいと言われ、学校側に話をしました。先生方は全くやっていない範囲なのに受けても意味がないのでは……と、無駄なのではという感じでしたが、とりあえず受けさせてくださいとお願いして、数学の学年進度のテストを受けることになりました。それから二週間、毎日塾に通い、平日は八十分、土日は一〇〇分、個別の授業を受け続けました。課題も全部やり切り提出、テストも五十点以上の点数を取ることができ、まさかの数学で評定「3」をつけてもらうことができました。この結果が彼の自信となり、二月の受験まで毎日塾に行きたいと自分から父親にお願いをしていました。

「勉強が楽しい」あれだけ嫌がっていた勉強が楽しくてしょうがないと思えるようになり、毎日自分で時間を相談して塾にいっていました。学年末の成績が確定し、すべて「3」という成績がでました。最終的に学校推薦も受けられることになりました。合否判定にもあがらないと言われてからわずか一カ月で学校推薦がもらえるまでになりました。相当な努力だったと思います。試験当日も、特に緊張することなく受けることができ、結果合格通知を受け取ることができました。彼にとって塾の先生方との出会いが、第四の出会いだったと思います。

卒業

とうとう卒業です。支援学級で過ごしていることがほとんどで、協力学級ではほとんど過ごすことがなかった三年間でしたが、数学のテストで結果が出てからは自信がついたのか、自分もクラスの一員だと思っている様子がうかがえるようになりました。クラスみんなで話し合った先生へのサプライズ企画。自分も中心として関わるようになり、最後は親をも巻き込み、ばたばた大変でしたが、楽しく卒業を迎えることができました。

最後に

卒業までの十五年間、彼はとても恵まれていたと思います。必要なときに必要な人に出会うことができたこと、そして適切なタイミングで、適切な支援が受けられたこと、これがすべてだったと思います。発達障害を受け入れることの難しさや、支援の手が少なく理解がしてもらえていないことのつらさなど、まだまだ課題は山積みだと思います。その子の個性だからと言われても、親でも受け入れることは簡単なことではありません。幸い私は、心から信頼できる友達に出会い、発達障害を理解しているわけではありませんが、彼にとって一番いい方法はと考え、私の意見を最大限に尊重して協力してくれる家族がいました。彼が反抗期に入ったときには、私でなく主人がキーパーソンとなり、しっかりと話をしてくれました。

周りは敵ばかりではないことも確かです。いろいろな人に出会うことがあると思います。その出会いを大切にして、自分の意見だけにとらわれず「とりあえずやってみよう」「だめなら次を考えよう」と常に前をむいて進んでいくことが大切だと思います。子どもは自分で支援の内容を選べません。どの支援内容が適切なのかは、やってみなければわかりません。一番困っているのは親ではなく本人である。そのことを常に考えて、選択肢はたくさん持てるようにしていくことが必要なのではないでしょうか。私は、彼とかかわる中で「障がい者支援とは?」というところで、もっともっと勉強したいと思うことができ、相談支援専門員という資格も取り、制度的な勉強もしています。まだまだ道半ばですが、この経験をいつか誰かの役に立てることができればと思っています。

この九年間でも、いろいろなことが変わってきています。発達障害への理解はまだまだですが、理解をしたいと思ってくれる人も増えてきています。親として、つらくて前を向くことができない日もあると思いますが、支えてくれる人がいることも忘れず、一人で抱え込まずにいてほしいと思います。

後日談

高校に入り、「ボクは勉強がしたい」と自ら学習に取り組むようになり、成績も上がる。商業科なので、いろいろな資格試験があるが、「たくさん資格を取りたい」と、親もおどろくほど意欲的にがんばっている。

小学生から大学生まで

保護者（母）

我が家とキッズカレッジとの出会いは、十年以上も前のことになります。私が、研修で窪島先生のお話を聴き、相談したのが始まりでした。そのころ、小学校中学年だった長男は、妹や弟に乱暴することが多く、どうしたらよいか困っていました。長男は小さな頃から発語が遅かったり、不器用であったりしましたが、それだけではなく、私は「なんとなく、他の子たちと違う気がする」と思っていました。でも、それを他の人に話しても、「早生まれだから仕方ない」、「育児書通りにはいかない」、「気にしすぎ」と言われるだけでした。他の子に迷惑をかけることもなく、自分の世界でおとなしく過ごしている長男は、保育園や小学校では気になる存在ではなかったようでした。困っていても、周りに助けを求めることができなかった長男は、いろいろと細かなことでも困っていたんだろうなと思います。

小学校生活は、保育園と違って、それぞれの時間にすることがはっきりしていたので、長男にとって過ごしやすかったようです。ずっと続いていた爪かみが嘘のようになくなりました。それでも、自分が困った状態にいることに気づかず、他人に手助けを求められないことはよくあったようです。二年生に進級した初日には、漢字の氏名印が押されたシールが貼られた下駄箱で、自分の場所を見つけられず、ずっと待っていたそうです。

二年生の下駄箱で下靴が入っていないところが最後の一つになるまで。みんなが下靴を入れ、最後の一つになったらそこが自分の場所だろうと。私は、その話を聞いて、先生たちは子どものことを何も分かっていないと腹立たしく感じましたが、自分なりにどうしたらよいか必死で考え、解決法を見つけ出した長男にこんな力もあるんだと感心もしました。ただ、もう少し効率的な方法はあったと思いますが……。この担任の先生は、あまり細やかに見てくださらず、親子で困ることがよくありました。連絡帳を書いて帰ってこないことがよくあり、書いたかどうかの確認をしてほしいと先生にお願いすると、「お母さん、分かるでしょ。忙しくてそんな時間はないんです」と言われました。その一言で、何を言っても無理だと思い、学校に何かをお願いしないようになりました。

三年生の担任の先生は、「私は私のやり方でします」と宣言され、特性を理解したり、支援を工夫したりということは期待できませんでした。きっちりとした先生の元で、みんなと同じようにしなければならないことは、長男にとってかなりのストレスだったようでした。長男の妹や弟への言動がひどくなり、窪島先生への相談へとつながったのです。

窪島先生に相談すると、親身に聞いてくださり、長男を見てくださることになりました。自分が納得できる理由や根拠がないとなかなか前へ進めない長男は、通い始めたキッズでも何かにつけ意見し、文句を言っていたように覚えています。でも、粘土は楽しかったようで、毎回、作った作品を写真に撮ってと言っていました。粘土では、どんな言葉のときでも、自分が好きな恐竜や生物に絡めて作っていました。好きなものを作ったり、話を聞いてもらったりすることで、少しずつ気持ちも安定していったように思います。私自身も、キッズの先生に相談に乗っていただけることも心強かったですが、子どもを待っている間、ほかのお母さんたちとお話しできたこともとても貴重な時間でした。悩みを聞いてもらったり、学校への対応の仕方を教えてもらったりと先輩のお母さん方がおられたから前向きになれました。長男は、中学生、高校生になっても、苦手な教科を中心に勉強を見ていただいていました。それだけでなく、本人の成長の様子を見守り、アドバイスをいただけたことも、私にとってはありがたかったです。

私が一番心配していたことは、長男に友だちができるかということでした。中学校までは、保育園時代からの友だちがいたので、人との関わりがありましたが、知らない人ばかりになる高校、大学ではどうだろうと思っていました。なぜなら、長男は人との関わりに関心がなく、一人でもよいという考えだったからです。でも、親としては、お互いのことを分かり合え、困ったときに助けてくれる存在として、友だちがいてほしいと思っていました。選んだ高校、大学がよかったのか、世間には似たタイプが意外といるということなのかは分かりませんが、友だちもでき、親としては少し安心しています。自分からの関わりは少ないのかもしれませんが、友だちとの関わり方についても少しずつ学んでいるように思います。好きなことがあるということも、大きいと思います。それがあるから、自分が自分でいられるということもあり、同じ趣味の人とのつながりもできてきました。

大学入試センター試験では、配慮事項の申請をして、注意事項の文書での提示など配慮をしていただきました。中学校、高校、大学進学の際にも、本人の特性や配慮してほしいことについて申し送ってもらいましたが、どこまで支援してもらえているかは実際のところ、よくわかりません。ただ、本人なりに成長しているんだなということは感じます。ほかの人たちが、いつの間にか身につけているスキルを同じようには獲得できない長男です。一般的な考え方や感じ方が分からないので、周りで起こったエピソード等を交えて、「こういうときにはこうする」、「こういうときにはこう言う」など望ましいと思われる対処の仕方をずっと伝え続けてきました。納得できないことも多かったようですが、少しずつコミュニケーションが円滑になってきているかなと思っています。

大学生となった今では、本人とキッズとの関わりは少なくなりましたが、私自身はずっと相談させていただいています。また就職の前には、本人にアドバイスをいただきたいなと思っています。

不登校を乗り越えて

保護者（母）

現在子どもは、大学三回生。一人暮らしで大学に通っています。ＬＤと分かった小学二年生から高校を卒業するまで、キッズカレッジでお世話になりました。

小学校では、漢字を何回も書いて覚えても、テストでは書けないことが多くありました。友達と違うことをしたり、してもらうことは恥ずかしいといって、特に配慮なく過ごしました。友達が多く、授業で分からなくても友達が教えてくれるから大丈夫と苦手はありますが、勉強も嫌がらず、毎日楽しく過ごしているように見えました。

書くのは苦手だけれど、工夫しながらやっていけるのかな……。キッズカレッジで一緒になる方のお話を聞くと、不登校や心配なことがあって大変だけれど、Ｋは大丈夫と軽く考えていました。

中学に入学してからも仲の良い友達と同じ部活に入っていろいろなことに頑張っていました。三学期にはいって、「友達がいじめられているのを見るのが嫌や、先生も注意しないので、一年生の間は学校に行かない」と宣言して急に行かなくなりました。突然のことで、とても驚き、心配しました。二年生は仲の良い友達が朝誘いに来てくれて、登校できる日もありましたが、二学期の文化祭翌日から一日も行くことなく中学を卒業しました。

不登校になると、昼夜逆転の生活で、家族と会う時間も少なくなりました。いつも部屋は暗く、ネット小説を読んだりしていたようです。昼間寝ていてキッズカレッジにもだんだんいけなくなりました。規則正しい生活をするために、本人も納得して不登校児の寄宿施設に入りました。ここでは、七カ月お世話になりましたが、心を閉ざしたまま、まったくなじめませんでした。三年の担任の先生はとても熱心にかかわって、寄宿先まで行って、Ｋやそこの先生とも話をしてくださいました。その中で、担任の先生は医療受診をすめられましたが、施設の先生は診断を受けて、そのレッテルを張られてもよいことはない、と反対されました。私はどうすればいいかわからず、とても悩みました。結局、医療受診したことで、今も心理の先生のカウンセリングを受けて気軽に話せる場があるのは助かります。三年生の夏休み、「僕はここではよくならない」と言ったので、窪島先生が、寄宿施設はやめてキッズカレッジに来ることを進めてくださり、また家での生活になりました。

不登校で昼夜逆転の生活は本人が一番つらかったと思います。不登校になった理由は、私は今でもわかりませんが、学校にいけない自分をダメな人間だと責めていたと思います。私たち家族は、Ｋが楽になる方法や声掛けはないかいつも考えていました。しかし、暗い部屋にずっといる子どもを見ると、時々、大声で怒りたい気持ちになったり、不登校から引きこもりになりいつまで続くのかと先の見えない不安に押しつぶされそうになったりしました。キッズカレッジは、Ｋにとって大切な場ですが、私にとっても不安を聞いてもらったり、相談したりできる大切な癒しの場でした。

学校の勉強は、担任の先生が英語や数学のプリントを家にファクスして、夕方担任と学年主任の先生が交代でお忙しい中、教えに来てくださっていました。キッズカレッジや担任の先生と話す中で、高校を決めて受験を目指すようになりました。オープンキャンパスも昼夜逆転で行けるか、その日までわからない状況でしたが、合格することができました。

中学の卒業式も出られませんでしたが、担任と主任の先生がお花やCDを準備して家で卒業式を行ってくださいました。東北復興支援ソング「花は咲く」をみんなで歌いました。

私はそのとき、大泣きして、今でもその歌を聴くと涙が出ます。先生方の気持ちが本当にうれしく、頑張ったKにも、しんどかった気持ちもこれからのことも、いろいろな思いでした。

高校に入ってからは、三年間、無遅刻無欠席で、執行部にも入って活動しました。窪島先生がよく、「子どもが化ける」とおっしゃっていましたが、うちには関係ないと思っていました。しかし、子どもの大きな変化に、これがそうなんだと思います。不登校になり始め、相談したとき、「今までちゃんとかかわってきたからこじれることはない」、と言ってもらったのを思い出します。

現在大学で心理学を勉強しています。これからも就職やいろいろな問題が出てくると思いますが、周りの人に相談しながら考え乗り越えて成長してほしいと思います。不登校という想像していなかったことを経験しました。本当に不安で心配な日々でしたが、キッズカレッジという相談し一緒に考えてくださる先生方がおられました。これからも、私たちのような親子に安心できる場所をよろしくお願いします。

「自分は自分でいていい」と思わせてくれる場所

保護者（母）

うちの子は、とても活発で外遊びが大好きで、友達は多くクラスでもリーダー的存在でした。勉強はずば抜けてできる方ではなかったですが普通よりはできる、よく食べる元気な子でした。なので「不登校」と聞いても、「不登校のお家の両親は大変やなぁ！」って口に出して言ってるぐらい、うちの子には無関係だと思っていたと思います。小学三年生の二学期後半頃から体調不良でちょこちょこ休みがちになりました。でも、喘息もちだし、しんどいなら無理して行かなくてもと思っていました。日に日に休む回数が増え、欠席が週に一日から二日、三日に増え、登校は必ず遅刻になり、教室に行っていたのが保健室になり、最終的には別室で一人授業。『絶対なんかあったでしょ？』と思いながら聞いてみるのですが「何も～」と返事。「そっかぁ～なんかあったら言いや」と何度かやりとり。実際、自分が子どもの頃嫌なことや辛いことがあったときに、親に言ったかというと「心配かけたくない」という思いから言ってないし。そう！子どもは言わないんです!!（心配かけたらいいのに。小さい体で背負い込まなくても。ねぇ）。何かあったんでしょうね。

時々声掛けしながらも、自由にさせていましたが、「頭が痛い」、「お腹が痛い」、「しんどい」と言っていたのが言わないくらい寝ている時間が増え、表情が消え一日中横になりだしたのです。真面目な子だったので、何で自分はみんなが普通にしてることができないんだろうと悩み追い込んだと思います。自分を否定しだし、とてもとてもしんどそうでした。これはうつ病だ、ヤバいと思いました。「とてもしんどいと思う。心も体も。体のしんどいのが薬で少しでもましになったら嬉しいやろ？　一度先生に会ってきたけど、親身になってくれはる優しい先生。うちが合ったから合うんちゃうかな？　少しでも楽になったらラッキーやん。行ってみる？」。気力のない「うん」が返ってきたので心療内科を受診しました。もし、何度か嫌と言っても連れて行ってましたけどね（笑）。半年程経ってだいぶ起きていられるようにもなりました。よし、風邪をひいてすぐ治る子もいれば治らない子もいる。怪我をしてすぐ治る子もいれば治らない子もいる。こんなに悪化するほどの子なんだし治りが遅い子なんだ。よ〜くわかった。と私自身に覚悟決めなさいと言いました。それから暫く経って、疲れやすいけどそれなりに普通に生活を送れるようになりましたが、相変わらず学校には行く気にならないみたいです。本当、何があったの⁇です。うちは、学校行ったらゲームできるルールだったのでゲームはしていなかったものの、寝て、ご飯食べて、テレビ見て、本読んで、ダラダラ……。一日中家にいます。あぁ、無性に腹が立ってきました。しばらく前、覚悟したはずなのに！　何に腹が立っているのか⁇　そう、私一人バタバタバタバタ忙しく動いて、あの子は一日ダラダラダラダラ。何するでもなく。そこだったのです！　イラつきの原因は。私一人忙しいのが許せなくなったのです。あなたの方が暇よね？なんか手伝ったら⁇という訳で、家に居るなら何か役に立つ！お手伝い、お風呂掃除をすることになりました。決め事です。そうするとイライラは面白いくらいになくなりました。子どもも「今日、お風呂掃除するし！」＝「学校行かないよ！」、「今日、お風呂掃除しといたよ！」＝「学校行かないよ！」と、逃げ場じゃないけどこれをしたから家にいてもいいみたいな。子どもも、何もせず家に居るのは居づらかったみたいです。

悪いと思ってて。役割ができた＝必要とされている＝自信がついた?みたいな。「お風呂掃除してるということは！」と言うと「えへへ」と笑っていました。

長いようで短かったような、短いようで長かったような小学校六年間が終わりました。中学校に行ったら雰囲気（場所も人も）変わるし登校できるかな?中学校に行ったら何か変わるかな?と何の根拠もなく淡い期待をどこかもっていた子どもと私でした。中学校に入学ししばらくは頑張って行っていましたが、徐々に教室に行かなくなり別室で個別授業、のちに学校へ行かなくなりました。あぁ　やっぱり……。そりゃそうです！　考えてみれば小学校で行けなかったんです。その小学校の児童＋他の小学校の児童、増えるんです。普通に通えてた子でも大変なのに、不登校だった子にとっては体力的にも精神的にも辛いでしょう。そりゃ行けませんよね。新しく気が合う友達ができればと、私立受験や転校（私立）も提案しましたが拒否されました。小学校の友達と一緒がいいみたいです。行かないけど（笑）。

元々私は、行きたくないなら行かなくてもと思ってるところがあったので、ニュースでいじめを苦に自殺とこの頃よく報道されているのを耳にすると「そんなに無理して行かなくても」（親も行かなくていいよ！って言ってやったらいいのに。人生八十年、少々休んだり、不登校でもいいんじゃない?生命落として……　いなくなることを思えば学校なんて）と思っていたので、不登校だからって遠慮することはない。学校には行ってるけどいじめや暴力してる子に比べると全然いいわ！と伝えていました。入学前に中学校に行き現状を伝え、「登校できるのが一番ですが、登校しなくても熱くなってもらわなくていい。グイグイ押してこないで下さい。逆に引いてそっとしといて下さい」と伝えていました。

子どもがちょうど体調を崩し休みだした小学三、四年生のとき、下の子を妊娠し体調が悪く出産まで安静の日々、自分自身でいっぱいいっぱい。出産してからも下の子に手がかかるため、ちゃんと目をむけてあげれなかったあの頃。何か気づいてあげられることもあったのでは？　悪いことしたな、と自分を責めることもありました。しかし、過去をいくら責めても何も変わりません。後悔↓何で？　から、この先↓どうしよう？　どうしたら？　に意識を変えるようにしました。反省はしましたので。また中学不登校生活が始まりました。第二章突入です。うちの課題は『明るく元気な不登校』に決めました！

不登校だからって引きこもりになって外出してはいけないわけでもないのですから、何か意味のある時間を過ごしてくれれば……。家にいるだけでは勿体ない、と一応大人な私はアドバイスしました。留学する。旅に出る。趣味を見つける。資格を取る。習い事をする。写生しに行く。神社・寺院巡り。いろいろ提案しましたが腰が重たく何もしません。もったいない。今思えばあの無駄な時間も必要だったのかな？と思ったりもしますが。

家に居るからと社会と疎遠になってもらいたくなく、繋がりだけはと思っていたので、買物、外食、外出……等々ついて来てもらっていました。特に下の子の保育園の行事は一緒に欠かさず行っていました。他の保護者からすれば「お兄ちゃん、学校は？」だったかもしれませんが、世間の目もなんのその。親子、兄弟関係が悪くなる必要もないのですから。日中、一緒に出かけたり、ときには遊んだり、それなりに仲良く楽しく過ごしていました。二年生の年末までは。中学校卒業後の確認をすると、本人いわく。「通学して高校（全日制）に行きたい」らしいので、新年が明け四月からは三年生＝受験生、目標ができたのなら応援したい。（将来やりたいことが見つかったときにやれない環境はさけてやりたい）。〝進学するためにどうしたらいい？　あなたはどう行動するの？ 現状のままでは無理よね？〟からの焦りと〝行けるの？〟からの不安なのか、小言が増え、時折険悪な雰囲気に。一月中頃から、〝あぁもうヤダ。何で言っちゃったかな〟と反省の日々。親である私は、何か〝やらない子どもとやれない子ども〟。子ども本人は、〝やりたい自分とできない自分〟。ジレンマ、辛いです。『明るく元気な不登校』はどこにいったのでしょう？ 焦りって怖いですね。

二月中は険悪ムードを避けるため、お互いに顔を合わせないようになりました。無視してるわけではないけど、結局顔を合わせなくなるのは無視と同じ。無視は辛いし寂しいな。

そんなとき、滋賀大キッズカレッジ（現NPO法人SKCキッズカレッジ）の窪島先生と出会いました。何かしらの理由があって学校に行けない子どもたちを長年に渡ってサポート、応援をされている団体です。今回も子どもに聞きました。私の思いは伝え、命に関わること以外はいつも最後の決断は本人に任せ意見を尊重しています。「不登校の子を長年見てサポートしてはるんよ。あなたが悪いんじゃなくて発達過程に何かあるのかもしれないし、自分が何で？と思ってるのにも原因があるのかもしれへんし。うちには言えないことも専門の方になら話せるかも聞けるかもしれないし。もし原因があるなら、わかれば解決法、対処法のアドバイスがあれば少しでも楽になるかもしれないし。何かが変わるチャンス、きっかけになるかもしれないし。縁は大切にしてね」と伝えました。返事は「行きたい」。「行く」ではなく「たい」と。『今のままでは』、『何かしな』、『変わりたい』と本人は常日頃から悩み、強く思っていたんだと思います。

四月からキッズに通えることが決まると、ぎこちないながら普通に会話するようになりました。嬉しいですね。

目標「高校に通う」を実現するために自分から前向きに行動したのです。今後どう行動すべきか話しました。高校入学できたら、朝起きないと、制服を着て登校しないと、電車（人混み）に乗らないと、体力をつけないと（ずっと家に居たので一日学校にいて授業を受ける体力、気力）、三年間通学しないと、と課題はたくさん。みなさんにとっては当たり前かもしれませんが、うちの子にとっては頑張らないとできないことばかり。三年生になったらの目標。毎朝同じ時間（朝七時）に起き、制服に袖を通し学校（別室ＯＫ）に一日一回（三十分でも一時間でも）行く（慣れる）ようにする、に決まりました。四月からはそれなりに目標を頑張りつつ、毎週木曜日夕方のキッズにも行きだしました。学校は休んでもキッズは休まず必ず行きました。キッズに「今日はやめとく～」といつ言い出すか心配していたのに、倦怠日でも「う～ん……行く！」と言い行きます。「ここだけは絶対行くねん」って言ってます。ビックリです!!　自分の中で何か変わったのかな?

五月下旬頃、「今までより声が出てて何気によく喋る」と窪島先生に伝えると、「キッズでも、それこそ初めは人見知りでおとなしかったけど、今は自分から話しかけてきてよく喋るで」と言われました。エッ～あの人嫌いが?　ビックリ!!　そのとき先生が「大丈夫や。心配せんでも高校生になったらちゃんと通う。自分で選んでいく学校やから、面白いことに行くんや。今までが嘘みたいにな！」と言われました。「じゃあ高校までの我慢ですね?」と冗談まじりに尋ねると、「そやっ」と笑っておられました。マジで?と思いながらも、たくさんの子を見てきた経験者が語るんだし、「そっか」と素直に受け止めました。

ある日子どもに、「キッズ行ってどう?」と聞くと「自分は自分でいいんだ。自分で居てもいいんだ。と思わしてくれるところ」と言い、自分の居場所をみつけたみたいな口調。そんなことを思っていたのか?と心が痛かったのを覚えています。

夏休みに入り、『最近、笑顔をよく見るなぁ。そういえば冗談言うし。昔みたいに表情豊か』。本来のあの子に戻りつつあることに気付いたのです！　嬉しかったー!!

三年生になったらの目標も二学期からはほぼこなし登校しています。午前中には行き昼までには帰宅、昼食は家でゆっくり食べます。学校に行った日はゲームOK、みんなが下校してからしかゲームはできませんがゲームしたさに行ってるだけのような。在校時間は三十分？　学校までの往復時間とかわらないやん（笑）。でも頑張って通ってます。毎週のキッズも休まず行ってます。子どもなりに頑張りました。

希望高校合格!!　四月からは高校生です。やった！　中学校の卒業式、子どもは出席。卒業式後、教室に集まって写真を撮ることになっていました。が、私は卒業式の後半に吐き気をもよおし体調が悪くなり帰宅。緊張の糸が切れちゃいました。あぁ行きたかったな……。友達と一緒に教室に居るあの子を見たかったな（涙）。帰ってきた子どもに「来てなかったんうちだけやで」と言われ、「ごめんなちゃい」。

先生がサプライズで用意してくれていた子どもから親への手紙を、子どもから渡してもらいました。『みんなが当たり前にできている学校に行くということさえできなかったのに、見捨てず、責めず、見守ってくれてありがとう』と書かれていました。「手紙ありがとう！　卒業おめでとう！　よく頑張ったね！　最後に笑顔で友達に会えて良かった。ホント至らぬ親ですみません」と笑い、横になっていると、本当に小さな声が聞こえました。「この両親でなければ今存在してなかったかもな……」。「エッ？」、「何も？」、「ふ～ん？」。どう言えば、どう接すればいいのかわからず、子どもも、もう一度触れる気もなさげふうにその場を離れて行きました。涙、涙、涙。とまりません。私達、親よりも子どもの方が私達が思ってる以上に悩み苦しみ辛いのかもしれません。

時々、休憩を入れつつも無理のないように登校しています。不登校だったのが嘘のように一時間半かけて学校に行き高校生活を楽しんでいます。

「窪島先生が言われてたこと、本当だったんですね」「そう、面白いでしょ」って。キッズとの出会いがあの子の人生の転機になったと思います。窪島先生と他のスタッフさん、本当にありがとうございました！ これからもよろしくお願いいたします。

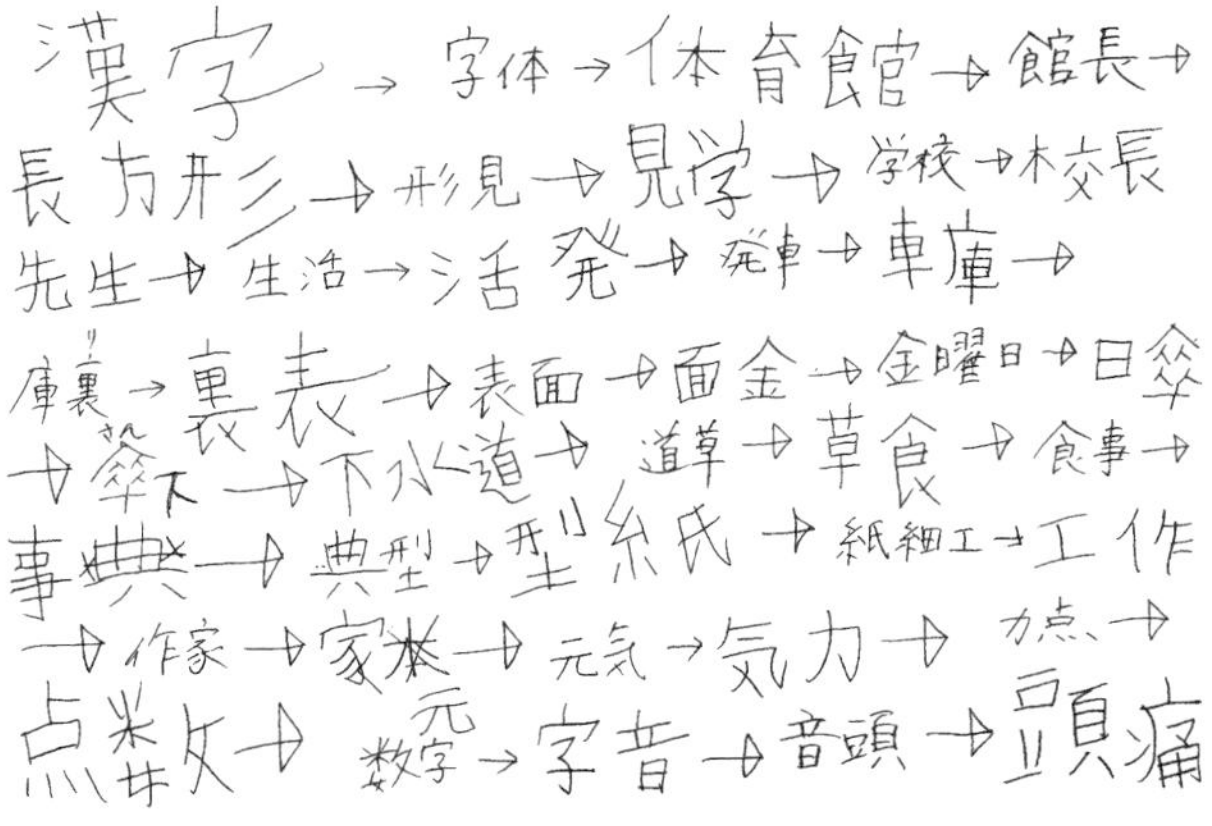

漢字しりとり

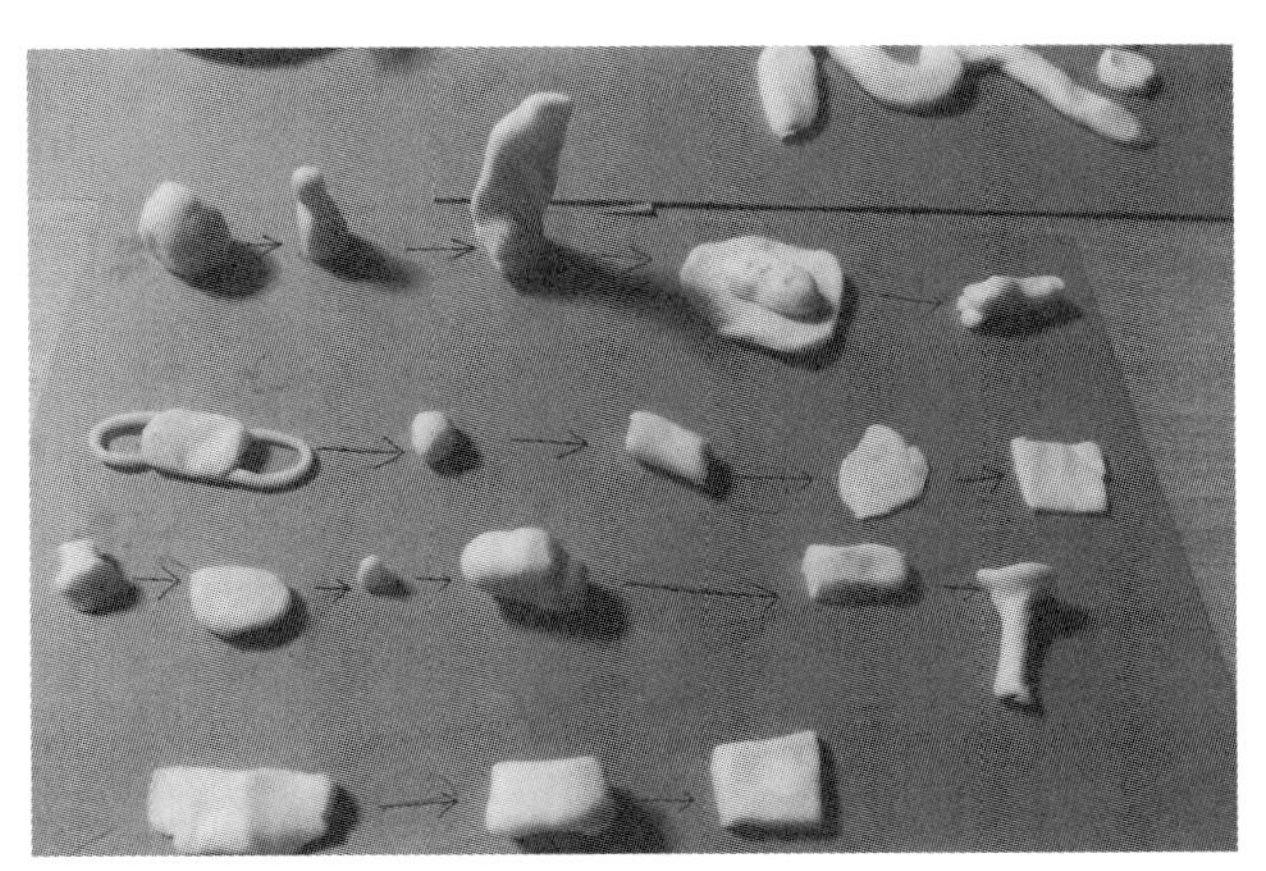

粘土しりとり

十歳の頃に、驚くような変化が次々と

保護者（母）

私たち親子と滋賀大キッズカレッジ（現ＳＫＣキッズカレッジ）の出会いは、小学校の保健の先生のご紹介によるものでした。娘は四歳で発達障害の二次障害を発症し、小学校には登校しない前提での入学でしたが、調子が良いときだけ週に一回程度、他児が完全に下校した後に三〇分ほど担任の先生に遊んでもらっていました。養護教諭のＨ先生に滋賀大キッズカレッジの学習室をお勧めいただいたとき、本当は「学習室」などというものには全く関心がありませんでした。私自身が小学校への不適応から、思春期と青年期の大半を闘病で過ごすというひどい経験をしており、娘に自分と同じ地獄を体験させないことだけが、当時の私の唯一の願いであり子育ての目標だったからです。

娘の読み書きが不自由なことは分っていましたが、日々の生活上の障害があまりに多くて、勉強なんて本当にどうでもいいと思っていました。暴言、癇癪、パニック、極端な偏食。退行による失禁、夜尿、外に出られないほどの聴覚過敏と嗅覚過敏、触覚過敏で服も着られず家ではいつも裸、強烈な吃音に頻発する夜驚（大声で長時間叫び続ける夜泣き）。ひどい二次障害で日々荒れ狂う娘を、二年近く家で看ていた私たち家族には、「学習」なんて笑っちゃうくらい「どうでもいいこと」でした。

それでも、とりあえず面談と検査を受けに行く気になったのは、娘と学校にいるだけで緊張してしまう私に気を使い、慎重に言葉を選んでキッズカレッジを勧めてくださるH先生のご厚意を、それ以上むげにできなかったからです。もちろん親として娘の特性には関心がありましたし、娘を連れてお出かけできる場所をいつも探していたので「ドライブがてら行ってもいいか」というくらいの気持ちでした。

生後三カ月から保育園に通い、毎日楽しく過ごしていると思っていた娘が、「保育園に行きたくない」と毎晩泣くようになったのは四歳の夏。何時間も泣き叫んで気を失うように寝落ちしても、夜中に自分の叫び声で目を覚まし、朝まで号泣が続く。そんな娘を連れて営業に回っても仕事にはならず、冷蔵庫が空になっても買物にも行けない。さすがの私も娘に発達検査を受けさせる気になり、子育て方針の見直し、今後の生活の立て直しをすることにしました。

私は自分自身が学校への不適応から悲惨な小学校時代を過ごし、凄惨を極める二次障害との闘いに長い時間を費やしました。激しい希死念慮で学校どころではなく、十代の間は登校拒否児施設での共同生活や、芝居、バイク、ダイビング、海外旅行など周囲の理解と多大な支援を受けながら、面白いことや楽しいことだけをかき集めて生き延びました。そこには力のある精神科医との幸運な出会いがあり、自殺以外は何の制約もない生活が保障されると同時に、自分自身の闇と言葉で戦う術を徹底的に学びました。語り続け、書き続け、遊びまわったり苦痛に耐えたりを繰り返しながら自分と向き合い続け、私は文字通り行李いっぱいの詩と文章を吐き出して、遂に完全に闇から逃げ切りました。

二十歳になって大検で大学に入り、卒業後は中国とイギリスへの語学留学と大学院留学。帰国後は経済学研究科の博士課程後期課程に入り、二十代のほとんどを大学で勉強して過ごしました。外務省の専門調査員として中国の重慶市で働いていたときに中国人と結婚。大学院を中退して地元京都のNPOで働きながら、不妊治療の末に娘を出産しました。身内で初めて保育園に子どもを託したことで、私は保育園に出会い、日本の「保育」が発展させてきた文化的社会的価値に気付きました。それからの数年間は保護者会活動にのめりこみ、パブリックプレイスとしての保育園の可能性に、日本の未来に対する希望を発見したと思いました。日本人と日本社会に対する積年の恨みと憎しみから解放され、人生初のコミュニティーへの帰属意識を体験しました。どんな仕事も三年は続かず、三十回以上も引っ越しを繰り返していた私が、四十歳を前に遂に生命保険という天職に出会ったのは、ちょうどそんな時期でした。軽い気持ちで研修に参加したら、すっかり「こんなに大切なこと、みんなに教えてあげなくちゃ！」と使命感に火がつき、家族や周囲の大反対を押し切って国内最大手生保の募集人となりました。以来、二〇一三年に外資系の代理店として独立しましたが、今も生命保険の仕事をしています。

これまでの人生を振り返っても、私と経験や価値観を全面的に共有する人などいるわけがなく、どこで何をしても「普通」だったことなんて一度もありませんし、「普通」になりたいと考えたこともありません。子どもの父親として選んだ夫も強烈に個性的な中国人でしたし、自分の産んだ子が他の子どもたちと同じように育つ、あるいは「普通の子」だなどと思ったことはありません。それでも、信頼する保育園のベテラン保育士さんでさえ、娘は賢くて感受性が鋭いだけで発達に係る問題はない、夜泣き（夜驚）は私の仕事が忙し過ぎるからだろうと言われていたので、「もしも娘に発達障害があるとしても、軽度かグレーと言われるくらいのレベルだろう」、「良い環境でうまく育てれば、さしたる障害なく社会適応できるだろう」と高をくくっていました。

しかし娘の発達検査の結果は一目瞭然、私の想定を遥かに超える激しい凹凸を見せられては、彼女が当時の言葉でいうところの広汎性発達障害であり、既に発達障害による不適応でひどい二次障害を起こしていると認めざるを得ませんでした。検査は福祉系の相談所で受けたのですが、アドバイザーの「宇宙人だと思ってください」という一言で、今後の子育ての方針については全部わかった気がしました。「私は宇宙人について何も知らないのだから、とにかく目の前の娘を観察するしかない」、「先入観を排して情報の蓄積を待つしかない」、「熊や猫の飼育法についての知識、豊富な飼育経験を根拠に、パンダを飼えると思ってはいけない」、「人間の子育てにおける常識は役に立たない」、「宇宙人の生態像は未知なので、将来像は設定しない」。今、ふりかえっても完璧ですね（笑）。そして、新たな私の子育て方針、「黙る、待つ、信じる」の実践が始まりました。

小学校入学を目前に控えた六歳の早春、児童相談所への相談から一年半を経て、ようやく精神科の主治医が決まり、娘は重度の自閉症スペクトラムであり、その二次障害が非常に深刻な状態にあるという診断がつきました。主治医はその場で入学予定の小学校に関係者会議の開催を要請され、校長先生と保健の先生、一年生を担任する二人の先生が来てくださいました。医師からは娘の状態と今後の方針、具体的な対応についての説明があり、校長先生が全面的に協力するとお約束してくださいました。日本の教育と学校関係者に対する不信感が非常に強かった私は、当初、娘を学校から守ることしか考えていませんでした。公教育の場である学校の対応能力を超える要求や、誰か個人に過重な負担のかかる要望を出すつもりはありませんでしたが、私の子育てに干渉されるなら、いくらでも戦うつもりでした。それが入学前の関係者会議において、「登校させないこと」、「集団に入れないこと」、「卒業までその方針は変わらないこと」が医師の指示として了承され、週一での完全下校後の個別対応まで承諾されました。「学校という空間を彼女の人生におけるブラックボックスにしない」、「自分はこの学校の子だという所属意識をもたせ、安心感を担保する」、「学校に行っていないことによる罪悪感を持たせない」という明確な登校の目的が共有されたことで、半信半疑ながらも信頼関係の構築が始まりました。

学校へはたまに遊びに行くだけなのに、いつも娘を歓迎してくださるH先生のご厚意を無下にできず、「学習」という看板を警戒しながら訪れたキッズカレッジは、驚いたことに私の希望が全面的に叶う理想的な場所でした。学校では問題児とされる子どもたちが、キッズでは「本当は真面目でやさしい子どもたち」と認識されていて、指導の目的は怒られ否定されることの多い子どもたちに、安心感と自己肯定感を育むことだったのです。たとえ短時間でも、ここなら安心して娘をあずけられると思いました。実のところ、私のキッズメソッドへの理解はかなり適当で、「言葉を粘土で具象化し、文字として表象化させるんだなぁ」という程度です。私は娘の認知機能の発達や改善、困難の低減には興味がなかったので、これだけはやめてほしいという要望を述べました。「嫌がることは無理にさせないでほしい」、「反復練習は一切させないでほしい」、「絶対に間違いを指摘しないでほしい」。多分に非常識な私のお願いは、「キッズでは絶対にそういうことはしません」と、当然のことのように受け入れられました。家の外に娘が安心して通える場所が見つかって、本当に、本当に嬉しかったです。

とはいえ、キッズで専門的な検査を受けた結果、娘には確実に読み書き障害があり、しかも相当に深刻なことが分かりました。私は自身の子ども時代の苦痛に満ちた経験から、娘には字を教えないと決めていて、いっさい書かせず本もすべて読み聞かせていたので、実のところ娘の読み書き障害がどのようなものか全くわかっていませんでした。ディスレクシアについては欧米のドキュメンタリーなどで、非常に強いストレスをもたらす認知特性であること、日常生活における障害がとても深刻なことを知っていたので、娘がディスレクシアだと知ったときは、さすがにショックでした。発達障害でも学校へ行かなくても、思春期の二次障害さえ回避できれば当然のように大人になり、自立し、自由に生きて行けると信じていました。しかし、自分で本の読めない子をどう育てたらいいのか、急に不安になりました。思わず夫に不安を訴えると「本なんて読めなくても生きていける、自分だって本なんか読めてない」といわれ、夫を中国語の「読書人」、いわゆる「知識分子」と認識していた私は、今度こそあまりのショックで三日間寝込みました。ショックで寝込んだのは後にも先にもあのときだけなので、恐らく、私の人生で最大の衝撃だったといえると思います。

それでも、四日目に我に返って動き出したときには「字なんて一生読めるようにならなくても生きていける。そのように育てればいいだけだ」と思えるようになっていました。よく考えれば全盲の知人もいるわけで、彼女が仕事もパートナーも自分たちの家も手に入れて、必要な公的支援を得て親からも独立し、人生を楽しんでいるという現実を考えれば、字が読めなくても生きていく方法くらい、本当にいくらでもあると思えました。

キッズでは「化ける」と表現するのですが、キッズへ通う子どもたちには突然かつ急激な発達による劇的変化が起こる場合があります。娘の場合は四年生になった十歳の頃に、驚くような変化が次々と起こりました。別人のように落ち着きはじめ、癇癪やパニックをコントロールしようとする強い意志が見られるようになり、挨拶や返事もできるようになってきました。娘の変化が珍しくて、「お願い」という形で出してみた指示が、あっさり通って感動しました。いつの間にか字を読み始めた娘は、たくさんの手書きの文章や詩の入った作品を描き、歌詞を読んでカラオケを歌い、字幕を読んで外国映画を観るようになりました。友達との外出が増え、一人でバスに乗れるようになり、学習系療育も追加され、ピアノ教室に通い、画塾にも行くようになりました。小学校の放課後登校もほぼ毎週コンスタントに行けるようになり、高学年を受け持ち十分な時間の取れない担任との関わりを補うため、学校は娘に大学生の支援員さんをつけてくれました。

「化けた」娘の成長はその後も緩やかに継続し、ときに調子を崩して荒れながらも、極端な偏食や昼夜逆転はある日を境に解消し、いつの間にかひどい吃音も完全に消えていて、娘の外出を阻んでいた過敏性や強いこだわりの多くは、外の世界への関心と引き換えに徐々に薄れていきました。

「京都市には不登校生だけを対象とする少人数制の公立中学がある」と知ったのは、ちょうどそんな時期でした。小学校を通じて不登校支援センターに繋がり、娘の特性や性格、苦手なことや学習上の特徴などを理解してもらいながら、センターの先生やスタッフ、卒業生の保護者などから徐々にその中学の情報を集めました。結局、小学校最後の一年間は、娘と相談しながら二人でお受験のように中学進学準備を重ね、全校定員十五人の午後から始まる夜間中学の昼間部に入学できました。

キッズへは小学校一年から中学一年の終わりまで通っていましたが、午後からとはいえ月曜日から金曜日まで学校へ行くようになった娘は、自由時間が少な過ぎることを理由に、キッズを辞めたいと言い出しました。私では娘を説得することなどできないので、主治医には自分で報告してくれとだけお願いしましたが、私が予約時間を間違えてしまったため四カ月ほど診察が開いてしまい、結局、キッズを辞めたことは事後報告になりました。診察室での娘の話は私が聞いていたものとは全く異なり、「キッズへ行くと自分の障害だけがフォーカスされている気がする。私はディスレクシアで障害があるけど、自分のアイデンティティーが障害者というわけじゃない」。私はとても驚いたのですが、「時間がないのも本当だから嘘じゃない」と娘は言い、「私の人間性じゃなくて特性にしか興味がない感じがするから嫌だ」と主張しました。先生からは「あなたがそう思うなら辞めるのは構わないけど、あなたの特性の一つに関して彼らが最高のスペシャリストなのは間違いないからね。日本でこれ以上の場所はないのだから、そこに七年分の記録と人間関係があるのは、お母さんがあなたに作ってくれた財産ですからね。これからもその繋がりは大切にしてください」というアドバイスがあり、娘はほっとしたように「はい、わかりました」と応えました。いろいろ思うところはありましたが、娘が私にしたくない話をできる相手がいることは、本当にありがたいと思いました。

あれから三年、最近、娘の小学校の卒業文集を読み返す機会があり、彼女は自分の決めた方向性から一歩も外れることなく中学三年間を過ごしたのだと思いました。高校はあり得ないほど自由な芸大附属の通信制高校の一期生となりましたが、やはりまっすぐに我が道を歩み続けています。彼女が自分の青春の目標として文集に書いた内容は、「人間性のベースを作る大切な時間を有意義に過ごしたい」、「教養と感性を育み身につけるために、多様な芸術、思想、価値観、人間性に触れ学びたい」、「たくさんの人間と出会い交流する機会が必要」、「初めてのことや知らないことに対する、不安やストレスに負けない勇気とタフな精神がほしい」等々です。彼女はたくさんの決意や目標を表明し、努力を惜しまないと宣言しているのですが、最後に「そしていつかは成熟した大人になり、たくさんの人達と多くの価値観を共有し、満ち足りた日々を過ごしたい」と書いています。親の欲目と笑われそうですが、五合目くらいまでは来ている感じがします。

娘は小学校の六年間、全く普通には登校しませんでしたが、中学入学以来この四年間、理由なく学校を休むことはほとんどありません。娘の中学入学時における私自身の学校への期待は、「一つでも二つでも（たとえば英語や美術など）気に入る授業が見つかり、一人でもいいから気に入る先生か友達ができればいいな」というものでした。週に一日か二日、行ける場所ができるなら、それだけで本当にラッキーという思いでした。それなのに、それなのに、私には全く信じられない危険思想への傾倒としか思えないのですが、なんと娘は学校が大好きなのです。

中学入学当初はすべてが目新しく興味津々の様子だった娘は、二学期が始まる頃には授業も先生も友達も、「もう飽きた」、「つまらない」、「面白くない」、「全然、何にもわかってない」などと言い出しました。そんなもんだろうと思っていたのに、卒業を迎えるころにはいつの間にか、たくさんの先生や同級生、先輩や後輩と驚くべき信頼関係を築き上げていました。卒業式にはとてもまじめでミーハーな某先生に、「ゆえさんはレジェンドになりました」というお言葉をいただきました。

高校に入った当初は拘束時間が減り、いっぱい創作や映画鑑賞ができると喜んでいたのに。アクティブラーニング形式の授業にも、個性的な生徒や先生たちにも大満足だったのに。毎日わくわく刺激的な時間を過ごしていたはずなのに。双子のような魂をもつ親友と出会い、生まれて初めて恋人ができたというのに。一年間の高校生活を通して娘が再評価したのは、何と中学時代だったのです。以前は自身の中学生活について「内容に意味は感じなかったけど、だからこそ頑張ったという達成感だけは凄かった」と振り返り、高校生活は「しんどくないから達成感はないけど、有意義な時間を過ごしているという手ごたえはある」などと言っていたのに。

最近は「私が今ここでやれているのは、中学の三年間があるからや」などと言い始め、「義務教育の公立中学の先生は、対外的には大人として求められる仕事をきっちりしはる。だからといって、仕事ができるだけの人かといえばそうとは限らない。学校の中では一人一人の生徒としっかり向きあって、一人の人間としての愛情を注いでくれる。そこに感動するし、だから尊敬する」と。

中学の三年間を通して、娘は主に先生方とたくさんやり合ったと思います。お互いに話が通じなくて、説明したり、要求したり、交渉する経験を積んだと思います。同時に、我慢したり、譲歩したり、責任を負う経験もしたと思います。腹を立てたり、諦めたり、許したり、ずいぶん学校で泣いていたと思うのですが、私が一番恐れていた「悪魔のような暴言を吐いてキレて暴れる」という事態は、最後まで一度も起こりませんでした。私としては「頑張り過ぎて壊れる」ことを何より心配していたわけですが、精神科の主治医には娘との継続的な面談から得られた見通しがあったようで、「お母さんが心配することではありません。彼女は自分の限界を見極めたくて無理をしていますが、わかってやっているから大丈夫です」と、私の不安を再三なだめてくださいました。

芸大の付属高校で一年を過ごした娘は、最近、自分や同級生たちの作るものを、しきりに「大切なもの」「人が大事にしているもの」だと言います。それを作品として完成させようと誘導されることや、積極的に才能を評価しようとする学校の雰囲気には嫌悪感を示します。ビジネスに繋げようとする意図には、さらに反感を覚えるようです。そういう彼女の学校の環境は、もともと日本の教育界には馴染まないだろうと思います。でも、私個人的にはとてもおもしろい場所だと思います。逆に、一般社会の常識や経済活動と完全に切り離された、「教育」の独善性が私には不快です。とはいえ、これも私が口をはさむことではないようです。彼女の父親は「若いときにはそれくらいの潔癖さや純粋さがあった方がいい」と笑い、彼女の主治医は「この時期に尖ってなくてどうするんですか」と笑われます。

最後に、十二歳で学校デビューした娘の学力について、少しだけ紹介します。結論から言うと、本人が書字障害に対する十分な配慮を取り付けているので、現在のところ単位が取れないというような問題はありません。娘の中学も高校も一般的な学力に注力するタイプの学校ではありませんし、勉強に取り組むこと自体に困難をかかえる生徒も少なくないので、本人が主張するように最低限やるべきことをきっちりやっている限りは、相対的には悪くない成績がついています。もちろん、大学進学のために外部受験をするとなると、全くお話にならない学力ではありますが、今のところ本人の進路についての希望がはっきりしないので、その話はまだ時期尚早ということで、いずれ、またの機会があれば後日談を聴いてください。

Sが小学校に入学するまで

保護者（母）

私の息子Sは診断名で言えば自閉症スペクトラム、ＡＤＨＤ、境界知能、不器用……などいろいろ持ち合わせている子です。その診断をしてもらったのは年長クラスのときでした。

今思えばお腹の中にいるときから大変な子だったのかもしれません。でもそのときは子どもを授かったことがうれしくて、全く大変だと思ったことはありませんでした。とにかく無事に生まれてくれたらいいなと願っていました。……が、妊娠二カ月頃、切迫流産と診断され即入院。絶対安静の日々でした。切迫流産と言っても実際に外への出血があったわけではなく、子宮の中に原因不明の血腫があるとのことで、私には赤ちゃんが無事なのか、診察してもらって映像で赤ちゃんの心臓が動いているのを見ないと確認できない状況でした。とにかくお母ちゃんにしがみついて生きていてねと祈る毎日でした。子宮内の血腫は一カ月半ほどでやっと消えて、赤ちゃんも無事で、私も退院でき、その頃には安定期に入って仕事にも復帰できました。

私の仕事は保育士です。その当時ちょうど○歳児クラスに入ることが多く、かわいい子どもたちを見ていて、自分が保育士として他の子どもたちにしてきたことは、我が子にもしてあげたいと思っていました。それにしてもSの胎動はとても激しかったように思います。仕事中でも夜中でも動きまくり、眠れないくらいでした。その頃から多動だったのかもしれません（笑）。それは下の子を妊娠したときの胎動と比べて、初めてSの胎動がめちゃくちゃ激しかったんだと感じました。でも、その胎動に生きていてくれてるんだと幸せを感じながら産休に入りました。

出産日当日の早朝、上部破水から始まり、バスタオルを巻いてタクシーで病院へ。破水したにもかかわらずなかなか陣痛が始まらず、子宮口を刺激するために風船を入れられたり、スクワットなどもしてみましたが駄目で、結局、夕方に陣痛促進剤で急激に陣痛を起こしてもらい、最後は頭が見えてもなかなか出てこないので産婦人科の先生がお腹の上に乗って、押し出されてやっと生まれてきました。生まれるときも人の助けが必要な子でした。

生まれてからは母子同室の病院ではなかったので、何度も保育室を見に行きました。そのとき七人ほど生まれたての赤ちゃんが並んで寝ていたのですが、Sは見に行くたびに、キックのしすぎでタオルケットを蹴飛ばしていました。ほかの子がみんなおとなしく寝ているときには一人起きて泣いていたり、逆にほかの子がみんな泣いているときは、しれっとした表情で寝ていました。本当に面白い子だなと思ったのを今でも覚えています。

家に帰ってきてからはSの生活リズムを第一に考えて、毎日無理なく大体同じような生活リズムで過ごせるように心がけていました。生まれる前から思っていたように、保育園で保育士としてほかの子にしてきたように、晴れたらお散歩に出かけ、絵本を一緒に見たり、歌を歌ったり、おもちゃで遊んだり……。産休の間は一時も離れることなく一緒に過ごし、毎日がかけがえのない時間でした。

それでもSが他の同年代の赤ちゃんに比べて、何かと不機嫌になる頻度がすごく多いということは感じていました。特に私へのこだわりはすごく強かったことと、初めての場所や初めて出会う人への不安はすごく大きかったです（中学生になる今でもそれは残っています）。近くの公園でさえも、そこにほかの人がいないときは大丈夫なのですが、別の人がいると入れず、先に遊んでいても誰かが来ると不機嫌になり私にしがみついて何もできなくなり、家に帰る……というのが日常茶飯事でした。お腹の調子が悪かったり、寝不足だったり、生理的欲求が満たされないと常に不機嫌で、排便直前に超ご機嫌になるということも、ほかの子に比べて顕著でした。

夜泣きもパンチがありました。毎日夜中の二時になると必ずギャー!!と泣き始め、抱っこしても、声をかけても、歌を歌っても、散歩しても、ミルクをあげても、とにかく思いつく手をすべて尽くしても泣き止まず、一時間休むことなく泣き続け、三時になったらぱたっと再眠するという毎日が半年以上続きました。旦那とは〝魔の二時〟と呼んでいましたが、一人目だったので夜泣きって本当に大変なんだなと思うくらいで、特に苦に思うことはありませんでした。ただ二人目の子のへにゃへにゃ言うだけのかわいい夜泣きを経験してみて、Sの夜泣きはすごかったんだと改めて気づいたというわけです。

Sは保育所に八カ月頃、私の職場復帰と同時に入りました。天王山のふもとにある自然に恵まれた大山崎の第二保育所です。〇歳児クラスでは担任の先生へのこだわりが強くて、あんまり泣くのでトイレにも一緒に連れて行っていたと聞いたことがあります。目に浮かびました。一歳児クラスの頃はとにかく噛みつき魔でした。集団が多かったり、イライラすると噛みつくようでした。今日も誰かに噛みついてしまっているのではと、毎日なるべく保育時間を短くできるようにと急いでお迎えに行っていました。そして二歳児クラスの頃には、私は、Sは自閉症なのかもしれないなとなんとなく思っていましたが、私の大切な息子であることに変わりはありませんでした。

Sには大好きなものがありました。それは生き物です。一歳半ごろ散歩で畑に行ったとき、テントウムシがいて、それを見つけたことがきっかけでした。テントウムシを見つけたときのSのあの目の輝きは、今でも忘れられません。幸い大山崎はその頃まだ開発前で自然がいっぱいだったので、Sを虫好きにするのに時間はかかりませんでした。ダンゴムシやテントウムシなど小さくてかわいい虫に始まり、チョウチョ、トンボ、バッタ、カマキリ、ナナフシ、ゾウムシ、カナブン、ハナムグリ、カブトムシ、クワガタ、カミキリムシ……とだんだん捕まえる虫もグレードアップし、虫を探しているうちに他の生き物も見つけるようになり、カタツムリ、ヤモリ、イモリ、ヘビなどにもはまり、夏になると川にも行くようになり、ドンコやヨシノボリ、カワムツなどの魚にも興味を持ち始め、家の中はSと捕まえてきた生き物だらけになりました。笑い話ですが、家の中で大きな蛾が産まれていたりカブトムシが夜中に飛び回ったり、靴の中にカニやヤモリがいたなんてことはよくありました。私は生き物のことはあまり詳しくはなかった方なのですが、Sのおかげでいろいろな生き物の飼い方やエサなどにも詳しくなりました。次第に保育所では先生もお友だちも、Sを虫博士と呼んでくれるようになっていました。大山崎の保育所で本当によかったなと思うことはSのことをおおらかに見てもらえたことです。Sが保育所の地面をあちこち掘ってオケラを探したり、畑に入ってハチを捕まえたりしても、とがめたりせずに笑ってすごいなと認めてくれていたことが、今のSがいまだに生き物好きであることにつながっていると思います。

でも少し困ったのは、生き物へのこだわりが強すぎて「○○を捕まえる」と決めたら、絶対に獲物を見つけるまでは家に帰れないということでした。その頃妹が生まれて、育休中ではありましたが、毎日朝は保育所にたどり着くまでに三十分は余裕を見て出ないといけませんでした。普通に歩いたら五分で着くのですが、行く途中の竹やぶにトカゲがいて（大体いつも同じ場所にいる）、出てくるまで動かなかったり、同じ竹やぶによくカマキリもいて、捕まえるまで進めないことなど日常茶飯事でした。帰りも同じく、四時に迎えに行っても家に帰るのは五時半頃。天王山や小倉神社に寄り道するのが日課になっていて、久保川沿いやら小泉川沿いもよく歩きました。保育所で散歩に行った先で生き物を見つけた日には、その場所にもう一度行って、ひたすら生き物探し。それに妹と付き合う毎日でした。ちょうど、生き物に夢中になっているときだったので、本当に育休中でよかったと思います。それも私は特に苦ではなく、Sの好きなことに付き合えることが母として幸せでした。もちろんただ「帰るよ」と言っただけで切りをつけられる子ではなかったので、「音楽（携帯のアラーム）が鳴ったら帰りなさいの合図やで」、「今なら家に帰る途中にトカゲがいるかもしれないよ」など家路につかせるのにはいろいろ試行錯誤は必要でした。一筋縄ではいかないS。こだわりの強いS。三歳児クラスになって私も再び職場に復帰。妹も保育所に入って、朝からまたバタバタと忙しい日々が戻ってきて、ゆっくり出かけられるのは土日だけになりました。

私は土曜日に仕事も多かったため、祖父母に来てもらって、父が天王山に毎週のように連れて行っていました。家にいると叱らないといけないことばかりするか、不機嫌なことが常だったので外に連れ出した方が親子とも楽だったというのもあります。その頃から私も保育士ということもあり、Sが不安の強い子だったり、ほかの子に比べると幼いということ、こだわりの強さなどこの先Sが生きていく上で、しんどさを抱えているのなら、早めに手立てを考えてあげた方がいいのかもしれないと思うようになっていました。ちょうど大山崎の発達相談があることも知っていて、保育所の先生にも相談して、発達検査を受けることにしました。ちなみに一歳半健診でも三歳半健診でも引っかかってはいませんでした。

私が気になったのは、三歳半健診のときの待合室でのSの様子でした。待合室にはたくさんの子どもとそのお母さんがいて、中には同じ保育所のお友だちもいたのですが、知らない人の方が多くSは極めて不機嫌に、「帰りたい」、「もういやや」など言い続け、ギャーギャー泣き、言い聞かせようとしても、一旦外に出て遊ばせようとしても、絵本を読もうとしても、何をしてもだめでした。結局その場の雰囲気に耐えられないのか、私の膝で泣き寝入り。眠気もあったのかもしれませんが、これは一例で、他の場面でもパニックになることはよくあったので、それが私は一番心配でした。

大山崎の発達相談が、私とSの窪島先生との出会いでした。発達検査ではほぼじっとできず、ADHDかもしれないなということでした。そのときは、Sは療育に行ってどうにかなるようなタイプではないし、集団の経験は保育所でも十分経験できているし、大山崎の保育所の環境はSにとっていい環境で、のびのび生活させてもらっているので、とりあえず療育には行かなくてもいいのではないか。半年から一年ごとに発達検査は受けるようにして様子見ていきましょう、とのことでした。それから毎年、窪島先生にはお世話になってきました。言うまでもなく発達検査の結果は半年から一年遅れで、できる部分とできない部分の凸凹は大きかったです。耳から入る情報には強いけれど、視覚では情報処理ができない感じでした。

そうこうしているうちに年長クラスになり、就学が近づいてきました。そのときの担任の先生と所長さんと保育所での様子を聞いたり、窪島先生の発達検査の結果や家での様子を照らし合わせて、Sは普通学級では無理なのではないかなと思っていました。年長でも文字に全く興味がなく、しりとりの意味も理解できていませんでしたし、反対言葉なんて二文字でもわかっていませんでした。描画も年長でもやっと頭足人（頭から足や手が出る）でしたし、大縄跳びや一人縄跳びでは最終できるようにはなりましたが、跳べるようになるまでは人一倍どころか十倍くらい時間がかかり、苦労していました。何より、学校自体がSにとって保育所とは違い、学習主体の新しい環境になるということで、毎日行き渋らずに行けるのかが一番心配でした。なぜかというと、自分が働いていた保育園でも、Sの通っていた保育所でも今まで何人かSに似ている部分を持っている子どもが、卒園後小学校に上がり、登校拒否になってしまったり、泣き叫びながら母親に引きずられるように登校している姿や、行き渋らずとも授業中ただ座ってるだけで何もしていない子や、逆にずっとしゃべっていたり、暴力的になってしまう子を見たり聞いたりしていて、それは子どもにとっても親にとってもとても辛いことだなと感じていましたから……。

Sの場合は町の審議会（保育所の先生方や小学校の先生方や教育委員会の方での話し合い）でも、Sは不安が大きい子なので、小学校では特別支援学級の情緒のクラスに入る方がいいのではないかという見解が出ていました。ただ、普通学級に入るか、支援学級に入るか最終的に決めるのは保護者だということでした。一週間で返事をしないといけなかったのですが、その間本当に母になって一番いろいろ考え、悩んだ一週間だったと思います。特別支援学級に入るということはSの人生においてマイナスになるのでは……いじめられたりしないか……孤独を感じたりしないか……。もしかしたら小学校に入って文字にも興味が出てくるかもしれないし、一、二年生の間くらいならみんなと一緒で何とかなるのでは……と葛藤で揺れました。でも先に言っていたように、Sが仮に普通学級に入って、全く文字も読めない、書けないのに、学校で、一日ただそこにいるだけになってしまって、結局何をしているか理解できず、ほかの子は理解できているのに、自分にはできない、できない自分を思い知らされて学校に行きたくなくなるくらい自己肯定感がなくなってしまったら……。ただでさえ不安の大きい子だったので、小学校に入ること自体が不安でいっぱいの様子でした。それならせめて、初めから学校でSにとって安心できる居場所があって、ゆっくりでも少しずつSができることを確実に増やしていってもらえるようにした方がいいかなということで、初めから特別支援学級に入ることに決めました。それが絶対良かったんだ、正しかったんだとは言えませんが、Sは行き渋ることはなく、六年間ほぼ学校を休まずに通うことができました。保育所から一緒だったお友だちとも学童でも一緒だったこともあり、Sの特性をよく知っていてくれて、特別支援学級に入っても一緒に遊んだり、交流学級の授業（体育・音楽・図工・理科は交流級で受けていました）でも存在を普通に受け入れてもらえていました。

さて、キッズカレッジに通うことになったきっかけを書きます。小学校に入り、支援学級の先生も熱心なベテランの先生で、Sの得意分野（生き物関係）を生かしながら、かるたやカードなど遊びを取り入れながら、なんとかSに文字を教えて下さり、一年生の間にひらがなは読み書きできるようになりました。ただ、読み書きと言っても、文字を読むのは文のひと固まりでは読めず一文字ずつ単体でしたし、ひらがなを書くと、どこか書き忘れがありました。たとえば「お」の点がぬけたり、「ま」の横線が一本しかなかったり。それは漢字の学習が始まっても同じでした。「目」は「日」に、「金」は「全」など数えきれないくらいの間違いがありました。しかも何度教えても本当に覚えられない様子でした。二年生になり、ベテランの支援学級の先生が異動になり、若くて経験のない普通学級の先生だった方が担任になりました。その先生がダメとかいうわけではないのですが、初めて支援学級を担任されるということで先生自身もSにどう文字を教えたり、ほかの学習もどう進めていいのか戸惑われている様子でした。そこで、窪島先生の発達相談は保育所で終了していたのですが、「もし小学校に入って困ったことが出てきたらここに連絡して」と頂いていたキッズカレッジの名刺があったのを思い出し、思い切って二年生の夏前に電話しました。

ウイスクなどの検査をしてもらい、やはり、文字の読み書きに問題があるということで、キッズカレッジに通い始めました。何でも初めてのことや場所は苦手なSだったので、キッズカレッジが続くかどうかも心配でしたが、キッズカレッジではSの話を何でもありのまま受け入れて優しく聞いてくださり、多分Sにとっては居心地がよくて、学習も苦しくない方法でして下さるので、行きたくないと言ったことは一度もありません。そして中学に入っても続けるつもりでいてくれています。

「手記を」とお話をいただき、本当はキッズカレッジに通い始めてからのことや、小学校での様子も詳しく書ければよかったのですが、今回はキッズカレッジに通い始めるまでのことを書くのが精一杯でした。まだまだSの子育てはこれからだし、中学校で他の小学校から一緒になるお友だちとうまくやっていけるのか、クラブは続けられるか、行ける高校はあるのか……と心配は尽きません。またもう少し先、小学校のときのSのことを懐かしく思い出せるときがきて、機会がありましたら続きを書きたいと思います。とりあえず、これからもSのよさをなくすことなく、自分は自分でいいんだと思ってSが幸せに生きていけることを願って手記を終わりたいと思います。

周囲に支えられ成長する我が子たち

保護者（母）

私には、三人の子どもがいます。それぞれ個性豊かで素敵な長所を持っています。そのうちの長男で大学生のKと次男で小学生のAが読み書きのLDを持っています。

長男Kが幼稚園の頃、私は少しの不安を心の中に抱いていました。外遊び大好き、絵本の大好きなK。ただ、とてもマイペースで友達の名前がなかなか覚えられず、ダンスや劇が苦手で集団生活に適応できていない姿が見られていたからです。しかし、幼稚園児なんてそんなものという周囲からの声に、気にすることはないのかもしれないと思い直していました。Kは文字にも全く興味を持たなかったのですが、小学校に入学すれば自然と覚えられるだろうと全く気にしていませんでした。

小学校に入学して夏休み前の個人懇談会のとき、担任の先生からひらがなを覚えられていないので、夏休みに頑張ってほしいという話がありました。家では音読の宿題も書く宿題もがんばっていたので、まさに寝耳に水という感じでした。夏休みに入り、親子で懸命に練習するのですが、一文字覚えると一文字忘れてしまう状態……。「なんで覚えられないの？」と必死の私、泣けてくるKのそばでその様子を見ている長女（Kの妹、当時幼稚園年少）が、「もうやめてあげて。かわいそう」と止めに入る毎日でした。結局、ひらがなを覚えきれずに夏休みが終わりました。休み中わかったことですが、音読も文字を読んでいたわけではなく、先生が読むのを聞いて暗記していたようです。「何かがおかしい……」。いやな予感を抱えて二学期がスタートしました。マイペースなKは、クラスでグループごとの競争があってもマイペース。Kがいることで一位になれないグループの友達から、蹴られたりたたかれるということが増えてきました。これだけがんばっているのに文字につまずき、そして学校生活にもつまずきつつあるK。彼に何をしてあげられるのかと悩み、学校に相談し、巡回相談を受け発達検査をしてもらうことになりました。結果はできることとできないことの差が大きく、それがしんどさにつながっているとのこと。現在進行形で苦しみ、自尊心がどんどん低下しているKを救える方法はあるのか。まずはありのままのKを私が受け入れ、そのままのKでいいんだよと伝えることから始めました。次に、相談機関を探しました。様々な相談機関に足を運ぶうちに、医療機関で読み書きのLDと診断され、キッズカレッジを紹介されました。

キッズでの学習は、Kにとって遊びの延長だったようです。何をしても受け止めてもらえるという安心感から、「変な自分」を思う存分発揮しました。それは、高校生になり、キッズを卒業するまで続きました。「今日はプリントをこっそり隠してきた」などと楽しそうに話すK。家庭以外の場で自分を丸ごとそのまま受け止めてもらうことにより、自尊心が回復してきて、学校生活も落ち着いてきました。

小学校では年度初めに担任の先生と話し合うことでKの状態をよく理解してもらえ、苦手な部分においては個別の配慮をしていただけました。どの先生もKを理解しようとしてくれ、書くことを無理にさせることがありませんでした。おかげで、安心して楽しく小学校生活を送ることができました。

小学校から中学校に変わるとき、壁にぶつかりました。小学校ではしてもらえていた支援を中学でもしてほしいのであれば、就学相談を受けてというのですが、判定は「支援学級が望ましい」でした。不登校になると言われ、中学校長からは「支援学級にもテストの点数が高い子がいる。偏見を持っていませんか」ともいわれました。当然、友達と一緒に通常学級に入れると思っていたKは、「中学は僕が来ることが嫌なのかな」と不安を持つようになりました。私も、まさかの事態に苦しみましたが、Kの気持ちが最優先と思い、最終的に通常学級を選択しました。

中学へ入学したKは部活にも入り、友達と楽しく三年間すごすことができました。中学へお願いした配慮、黒板をデジカメで撮影させてほしい、テストの問題にふりがなを振ってほしい、テストの回答はひらがなでもよしにしてほしいということは認めていただけました。心配されていた不登校にもなりませんでした。担任の先生からも、「どうなるかと心配していたのですが、全然大丈夫ですね」といわれ、ホッとしたことを覚えています。

高校は、公立の全日制、定時制、私立と見学をし、親子で悩んだ末、公立の定時制昼間部を受験することにしました。一クラスの人数が少なく、丁寧に対応してもらえるだろうと考えたからです。マイペースのKは全く受験モードにならず心配しましたが、キッズでの保護者懇談会で同じ立場の方々のお話を聞いたり、キッズの先生方の応援が心の支えとなりました。キッズで言われる〝化ける〟日が来るのを信じての受験までの日々。結局化けきれませんでしたが、なんとか高校に合格することができました。

高校生活は予想通りゆったりのんびりでき、Kにとってもあっていたと思います。中学と同様に配慮もしていただき、居心地良く充実した三年間でした。将来に対しての具体的な夢、目標が定まったことで、大学進学へ向けて自分なりに動こうとする姿が見られるようになってきました。マイペースなKがついに〝化けた〟のです。進学者対象の補習に積極的に参加するようになりました。先生方もKのために動いてくれました。苦手な英語は個別に補習をし、LDのKにもわかるよう一緒に考え工夫し支えてくれました。それまでできないとあきらめていた英語、苦手な書くことに前向きに取り組むKが頼もしく見えました。キッズや小・中学校で培われた土台に、高校の先生による熱意でようやく芽が出て育ち始めたのを感じました。自分なりに努力し、前へ進もうとする姿が何よりうれしかったです。

現在、Kは大学生。将来の夢へ向けて、片道二時間かけて通学しています（一人暮らしは絶対嫌だそうです）。入学する前、親子で大学に配慮をお願いに行きました。その後、学期ごとにある配慮の話し合いは、K自身が一人で行っています。自分のありのままの姿を受け入れ理解し、今の自分に必要なことを他者と話し合いができるまでに成長してくれたことが本当にうれしいです。

そんな兄を見ている次男のAも、「お兄ちゃんができているから、きっと大丈夫」と、これからの自分をなんとなく思い描けるようになっています。Aが困っていると、「こうすればいいんだよ」とアドバイスをしてくれるKの存在がAにとっては大きいと感じています。

これから、KもAもさまざまな壁にぶつかると思います。特に、Kが今困っているのは、生活の様々な場面（たとえば、病院での問診票の記入など）で人前で書かなければいけないことです。そんな場面をどう乗り切るか……。ときには、一緒に考えながら、自分に合った方法を工夫できるよう支えていきたいです。我が家の魔法の言葉、「失敗は成功のもと。大丈夫、何とかなるよ」といいながら。

子どもが自分の書いた字を消すとき

子どもが問題や自分の書いた字を塗りつぶすとき、何を思い、何を感じているのだろうか？

これを見ている大人は、何を思い、何を感じているのか？

考えたことさえあるのだろうか？

キッズカレッジでは、字は「読めればよい」、「止め、はね、バランス、形」は文字としての漢字にとって重要ではない、と子どもには繰り返し伝えている。

しかし、子どもは自分で自分の字が許せない。書いた自分も許せない。学校の教師も、許してくれない。

「おなおし」という罰が下る。

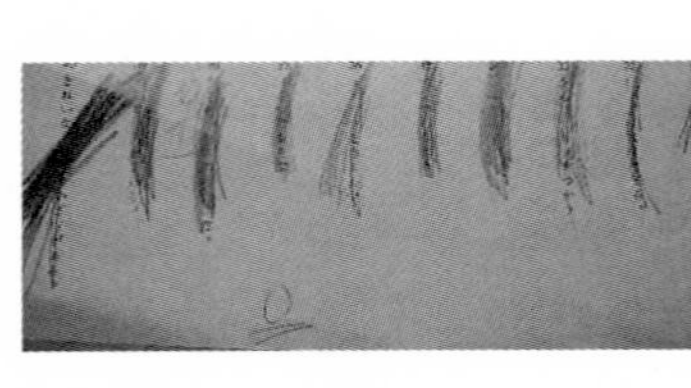

SKCキッズカレッジに通って
―姉弟二人の遠距離通室―

保護者（母）

まさか……

「ねえ、ほかの人からも聞いているかもしれないけど……」と娘と同級生の保護者から話かけられたのは、長女が一年生二学期の授業参観でのことでした。内容は、「うちの子のトイレにまでついてくる、ほかの子と話していると、割り込んできたり邪魔したりする……」など、幼稚園からの友達を取られたくないといったような行動をとっていたようです。学童の保護者会でも面と向かって「いじめられた」、「友達いなくてもいいんじゃないか？」と、ほかの保護者からも言われました。

担任の先生に「どういうことか？」と臨時の面談をしてもらいました。長いので要約すると、①先生も把握していて指導していた→保護者には伝えていない、②母の話を聞いた後、根拠もなく「通級指導どうですか？」と紙を出して進めてきた、ということでした。気分にむらがあったり、幼稚園に行くのを泣いて渋ったりしていたこともありましたが、運動会やお遊戯会など上手にこなしていて、親の目にはなかなか見えてこなかったものがあったようです。幼稚園の担任の先生からも何もありませんでしたが、一年生のこの件をきっかけに「実はね……」ということも聞き及ぶに至って「原因わからないけど二次障害」っていう言葉が頭をよぎりました。年が明けて全障研の大会があり、恩師である窪島先生と再会、「直談判」をしてＳＫＣに参加することになりました。

療育の開始

一方、弟は、「共感の指さしが出ない」、「言葉が単語しかでない」というのに気づいていましたが、「読み聞かせに興味がない」など保育園からも指摘を受けるに至って市の相談を受けていました。状況を聞き取ることがメインで簡易検査をして「様子を見ましょう」といういわゆる「何もしない」という状況が一年続き、こちらから話を切り出して三歳から島田療育センターに紹介をしてもらい、ＳＴ・ＯＴの指導を受けることになりました。楽しそうに療育はやってはいましたが、年齢があがるにつれて保育園での友達とのトラブルが増え、「ちょっとこれだけでは足りない」と思うようになり、小学校入学に併せて姉と一緒にＳＫＣへ参加することになりました。

キッズでの二人

姉は、粘土の取り組みに対して「楽しい」ということでキッズに行くことを毎回普通に楽しんでいました。行きたくないという言葉は一度もありませんでした。自分のことを完全に認めてもらえる場所を確保したということは、大きなことだったと思います。自分では決して話してくれませんが、終わって車に戻ってくるときの表情が柔和なことでわかりました。中学に入ってからは、部活や模試なども あり、なかなか参加できなかったですが、弟が一人で参加するときは、「行きたかった」ということがほとんどでした。

中三になってものんびりの様子に、取り組み後に窪島先生と「いつエンジンかかるのかな？」と話すこともありました。しかし、第一志望の高校に受かった今エンジンがかかったようです。入学前課題が大量に出ていて、一緒に確認したときには「こんなの無理」と言っていましたが、ふと気がつくといつもＴＶの前に陣取っている姿がなく、部屋へ行くと鉛筆を握って課題に取り組んでいました。「すごいでしょ？」とアピールする姿に感動しました。高校は、今までの人間関係とは違って一からの構築になります。どうか、しんどくならない程度に、友達を作って楽しい高校生生活を送ってほしいと思います。

弟は、三年生、四年生と大荒れでした。たとえば、休み時間にやっていた将棋で横から口だしを何回もされたことに腹を立てて手が出てしまったことをきっかけに、自分だけ授業に入れなかったことがありました。音楽の時間も苦手で一時間目だったこともあり、一日を棒に振ったこともありました。歌は好きで相変わらずなかなか歌詞が覚えられないけれど、口ずさんでいるにもかかわらず、音楽の授業はだめでした。クールダウンのために教卓の後ろに隠れてガンガン蹴っている様子に、クラスの女子から「怖い」と言われていたとのこと。そのころは、ＳＫＣに来ても、たとえば外の池に石を一時間入れ続けてどうなるか？の実験をして終わってしまい、取り組みに至らないことも多々ありました。それでも、終わった後、満足そうに戻ってくるのでした。自分が興味を持ったことを制限なくやらせてもらえることが良かったのだと思います。ゲームで対戦してもらえるのも嬉しい楽しい要素でした。

五年生になり、音楽の先生が替わりました。それまで音階さえ吹けなかったリコーダーで、突然「ルパン三世」のテーマを演奏しだしました。驚いていると、あれよあれよと学校で習ってきた曲を演奏できるようになりました。環境が変わり、本人の中でも何か変わったようで、通級でのボイコットも少なくなりました。五年生後半ぐらいから、粘土の取り組みも進化を遂げてきて、宿題も持ち帰るようになりました。「キッズのプリントやるわ」と自分から言って取り組む姿も見られるようになりました。一回目の「化けた」を実感したときでした。

彼は、保育園のころから一貫して「寿司屋」になるということを卒園式・小学校の卒業式と宣言してきています。中一になってからは、休日や夜のご飯作りを手伝ったり、一品おかずを作ったりすることも増えてきました。新しく開発したレシピは、記録するように父からノートをもらいましたが、そこはちょっと残念ながら継続できていません。辛口コメント連発の姉がお替わりするぐらいの「キムチチャーハン」は本人の調味料研究により日々進化を遂げています。姉の高校合格が衝撃的だったようで、「高校か専門学校か……」と意識をし始めたところです。キッズでも具体的にどうしたらいいのか、本人が相談できるといいなと思っています。

遠距離通室

二人は、東京から通っています。遠方にもかかわらず、通い続けている理由は『親の孤立感の解消と子どもの心の居場所』と『今の社会の制度ではこぼれ落ちてしまう危機感』です。正直、弟のことから姉のことに対応が広がったとき、かなり精神的につらかったです。今ある制度を駆使して……というところでした。しかし、納得いかない部分もあったところで、ＳＫＣキッズカレッジとの出会いがありました。いろいろな制約がある中で通室しましたが、親の安定（特に母）という面では、何にも代えられないものがありました。

通級の先生との面談でも再三話題にでるのは「今の学校では通級でも拾いきれない。でも知的の固定級ではないね」ということでした。毎回所属級での様子が話題になりました。中学の進学に当たっては、普通級ではなく「情緒の固定級」を選択しました。成績が出て高校進学に道が開かれたからです。本人は、交流級に友達もできて楽しそうですが、所属級の友達と保育園と同じ内容で数回トラブルになったようです。一方、一学期の体育大会で交流級からのエントリーで一〇〇m走に出場して一位になったことを、交流級の友達が「走るの速いね」と言ってくれて、みんなで喜んでくれたことを嬉しそうに家で話してくれました。交流級の友達に感謝です。二学期には交流級への憧れから、「一組は嫌だ」と言い出しましたが、「何のために」、「少人数でのクラス」に入ったのかを説明すると、しばらくはいろいろ友達とのトラブルのことを言っていましたが、最近は言わなくなりました。トラブルもうまく避けて、対応できていることを担任の先生から聞きました。また、学校や塾の宿題に本人なりに取り組んで、やる気を見せることも増えてきたようです。三学期に入り母の背を抜かしたので、自慢げに「抜かしたぜ」と言っています。背が伸びるのに合わせて二回目の「化け」が始まったのか?と期待をしているところです。

姉は、高校生になるのでキッズも卒業ですが、時間があれば弟にくっついて遊びにいくことになりそうです。長い間見守っていただきありがとうございました。姉弟関係など紆余曲折がまだまだありますが、ＳＫＣキッズのサポートをいただきながら本人たちの成長を信じていきます。今後とも親子共々よろしくお願いいたします。

後日談――高校生になって

「ただいまー」の元気な声が毎日玄関に響きます。

コロナ感染拡大で、高校の入学式もできず、なんとなく始まった高校生活ですが、休校期間中も同じ高校に進んだ数少ない気の合う友達と一緒にランニングやおしゃべりをして、自分なりに息抜きをしていました。

本格的に高校生活が始まると、検定試験や「単位」という現実に、生まれ変わったように学習する姿が見られるようになりました。ある試験で一〇〇点を取ったことは、本人の中で何かが変わるきっかけとなったようでした。職業系の高校が本人に合っていてよかったと思います。

一方、生活面では、給食がなくなってお弁当生活になり、一層の偏食傾向が進みました。毎日、母の作る弁当をチェックして怒り狂うことの繰り返しです。野菜ジュースやスープにあらゆるものを混ぜて（笑）対応しています。顔色が悪いことに自分で気付き、少し食べるようになりました。あまり口を出さずに見守りたいと思います。

二学期に入り、コンビニでバイトを始めました。週末のみで、月に一日から三日ほどしかありませんが、バイト仲間ともうまくやっているようです。

どこかで、お世話になったキッズの先生方に、本人から「成長」の様子をお伝えできる日を作りたいと思っています。

長所が長所として現れるように

保護者（母）

Ｆは五人兄弟の五番目として生まれました。乳幼児健診にひっかかることもなく一見普通に育ってはいましたが、私にとっては何故か不安だらけの育児でした。幼稚園に入り、手遊び・お絵描き・お遊戯・読み聞かせのすべてが嫌いなＦにとって幼稚園は楽しくなかったように思います。

私はずっと不安がぬぐえず、よく担任の先生や園長先生に育児相談をしていましたが、「いろいろな子どもさんがおられますし、Ｆ君なりに遅れながらも成長しているので、それも個性のうちですよ。五番目なのに何を不安になってるんですか」と諭されるばかりでした。

小学校に入学して楽しく登校しているＦでしたが、上の子どもに比べ明らかに平仮名の覚えが悪いことに気づき、五月の家庭訪問のときには担任の先生に「どこか検査に行くところがあれば行きます」と話していたことを思い出します。

小学校でもずっと「ゆっくりされている生徒さんはＦさんだけではなく他にもおられるんですよ」と言われていました。一年生の十一月に急に学校から呼び出され、そこで市の発達相談センターのパンフレットを渡され、そこで初めて検査をしてもらえると知ったのでした。さっそく申し込みＷＩＳＣの検査をしたところIQ八一の結果が出て、「検査結果に山や谷がなくグレーゾーンでもあるので何か問題があるわけではなさそうです。ゆっくり成長されるお子さんなのでしばらく様子を見ましょう」と言われるばかりでした。いくらお役所仕事とはいえ発達相談センターでは子ども云々よりも家庭環境や母親の接し方を重きにおいていて、今の時代は仕方ないのかなぁと思っていました。

Fが二年生になり、たまたま脳内視力という講演会を聞きに行く機会があり簡易検査をしてもらうことができました。二時間ぐらいかけて細かく調整してメガネを作れば字が見やすくなると言うので、そのメガネ認定士さんのお店の岡山までメガネを作りに行く気満々だったのですが、Fの場合は検査結果が悪すぎるので、まず眼科に行くように勧められ、そしてFの目の見え方が人とは違うことに初めて気づいたのでした。

そのメガネ士さんに大阪府立医大のLDセンターのことを聞き申し込みましたが一年待ちで、市の発達相談センターにも結果を相談に行きましたが、学習障害やディスレクシアと言っても全く取り合ってくれず、途方に暮れるばかりでした。

一年間、検査のためにいろいろなところにFを引っ張り回しましたが、Fは検査の後に必ず食べるラーメンを楽しみに前向きに取り組んでくれました。そうしているうちに何となくですが、今までは他の子と同じようにできないことを不安に思っていたFですが、検査を繰り返し、わからないながらも結果を聞くうちにF自身、他の子と同じようにできないことを受け入れられたように思います。そんな中、京都の府立医大がディスレクシアを診ていると聞き、ちょうど近くの府立医大出身の眼科に行ったのですが、結局、府立医大ではディスレクシアを診ていないとわかりました。その先生の知り合いの先生が京都の綾部でディスレクシアの眼科を開業していることを知りました。綾部まで行こうかと思ったのですが、予約が三カ月待ちと聞かされました。

滋賀医大の発達外来もディスレクシアを診てもらえると聞き予約を入れましたが、予約待ちがいっぱいで日にちが分からない状態でした。その予約待ちの間に、もしかして守山のこども病院で診てもらえるかもと期待して受診しました。結局ディスレクシアは診ていないと聞かされたのですが、受診した小児科の先生が親切にキッズカレッジのホームページのコピーをくださり、初めてキッズカレッジの存在を知ったのでした。キッズカレッジにお世話になってもうすぐ二年がたとうとしています。

この二年間で本人はずいぶん成長したと思います。五人兄弟の末っ子ではありますが、幼いときから何故か育てにくく母親ながらずっと不思議に思っていました。本人を連れ回し検査ばかりしていたこともありましたが、いろいろなところを回ってみて、いい加減な情報があったのも正直なところです。今は自分のことを前向きに捉え本人なりに工夫しながら明るく元気に学校へ通ってくれています。

争いを好まないこと、誰にでも好かれること、人に優しくできること、努力すること、本人の長所が長所として現われていてくれることに感謝しています。

最近うれしいことがありました。すぐ上の兄が気持ちがしんどくなり一カ月学校に行けないときがありました。今まで歳が近いこともあって優しい兄に依存しているようなところもあったのですが、学校に行けない兄に頼るに頼れなくなり、結果的に本人がずいぶん自立してくれました。今では元気に学校に通っている兄ですが、本人にとって兄から自立するいい機会となりました。欲を言えばきりがありませんが、本人のペースでゆっくり本人なりに成長していってくれていることを嬉しく思います。人生はまだまだ長いですが、本人の長所を長所としていける生き方ができることを切に願うばかりです本当にここまでいろいろ遠回りをして来ました。親である私も初めて聞くことばかりで全く知識がなく無知に振り回されていたのも正直なところですが、そうしながら私なりにＬＤのことを勉強できたと思っています。そして何より母親として子どもの個性として受け止められ前向きに考えられるようになったことが有難く思っています。

今はキッズカレッジにお世話になりながらスローモーションではありますが、ゆっくりと本人のペースで成長していってくれていることに感謝しています。

イスを並べドミノ倒し

得意なところを伸ばして

保護者（母）

Hが保育園の年長になったころぐらいから他の子たちと比べ、ひらがなの読み書きができていないことに気づいたのですが、小学校に行けばできるようになると思っていました。でも、小学校に入ってからも読むことも書くことも苦手でした。家庭訪問で担任の先生からも指摘され、家で何度もひらがなを書かせ、練習させましたが、なかなか覚えられず、苦戦しましたが、読めない分、聞いて覚えるのはできるみたいで、音読だけは、スラスラ読んでいました。というより、全部覚えていました。

ある日、先生から呼び出され簡単にできる検査を受けることを勧められ検査を受けることにしました。結果、学習障害と言われ、あまり聞いたことがなかったので、よくわかりませんでしたが、ショックでした。とりあえず、通級教室に行かせることと、キッズカレッジに行くことになりました。キッズカレッジの先生からは、とにかく、繰り返し書かせないほうがよいとのことでしたが、そんなことで本当に大丈夫なのかな？と心配でした。小学校一年生のときからキッズカレッジでお世話になり、相変わらず読み書きは苦手ですが、先生たちのおかげでだいぶ頑張ってやっています。高学年になるにつれて、勉強はむずかしくなって、しんどいようですが、学校へは嫌がらず楽しんでいっています。手や体を動かすことが好きなようで、図工、体育は得意みたいです。得意なことを伸ばしてあげられたらなーと思います。キッズカレッジに通っておられたお子様が、立派に就職されたことなどを耳にすると、自分の子どもは大丈夫かな？と心配になりますが、キッズカレッジでお世話になり、Hなりに頑張ってこれたかと思うので、成長していってほしいと思います。

絵カードと音韻意識（拍分解）の指導教材

本来は、言葉の「音」だけで行う。

音韻分解課題の視覚補助と手指での操作。

言葉の「音」を分解し、その数だけおはじきを絵の上に乗せる。絵があると、課題としては、格段にやさしくなる。

拍分解は、はじめに「ひよこ、音いくつ？」のように言葉の「音」だけで行います。これがうまくできないときは、絵とおはじき（積み木でも石ころでも可）のような視覚的補助を使います。

ひよこの絵を指さして、「これなあに？」、「ひ」「よ」「こ」と言いながら、おはじきを絵の上にのせていきます。そして、おはじきをひとつずつ指で押さえて「ひ」「よ」「こ」と言いながら、「音、いくつあった？」、「三つだね」などとします。このとき、手をたたいて拍をとることも一緒にしたりします。視覚的補助があると、課題は格段にやさしくなります。

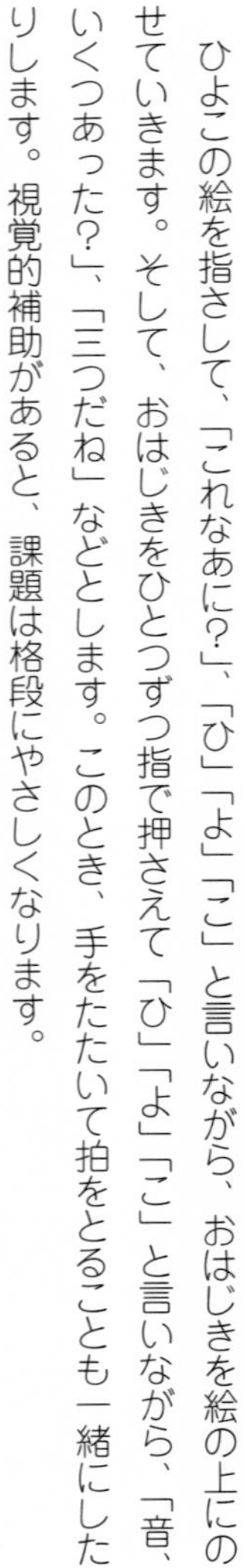

この後、二枚の絵カードを並べて、「音」の数あわせ（同じ数の音）や「音の数比べ」（「音」の多い方が勝ち）など遊びます。音韻遊びは間違えてもよい遊び、勝手ルールありの遊びです。

小二から高校生に、自立に向かって歩む

保護者（父）

キッズカレッジ学習室に参加する前の様子

第一子である男児Kは、現在、高校二年生で、広汎性発達障害（併せて、AD／HD、LD）を持っています。平成十六年（二〇〇四年）三月生まれで、周産期に特筆すべき異常はなく、四〇週五日の満期産での出産でした。第一子であったことから、当時はあまり気にならなかったのですが、たとえば、抱っこをしていないと気に入らず泣くということもなく、一人で放っておいても機嫌が悪くなることもなく、あまり手のかからない乳児で、Kを見た他の人からも同様のことをよく言われました。特に聴覚の過敏性については顕在化しており、身体感覚（身体の不器用さや感覚の過敏性）については幼児期から課題があると思っていました。具体的には外を散歩している際に、オートバイのエンジン音（低いドドドというような音）が近づいてくると、いち早くその音に気づき、とても怖がる等の行動がみられました。

Kの問題行動が明確になったのが、三歳で地域の公立保育園に入園してからで、特に、他児に対する噛みつきや、叩くなどの行為、また、暴言も多くみられました。他児との関係では、決して他児との関わりを持たないというわけではなく、自分がしようと思ったときに他児が前にいた、また、自分が使いたい玩具を他

児が使っていた、他児の不意の動きにびっくりした等の際に、他児に対して叩くなどの加害行為を行うなどにつながることが多く見られました。また、他人とのコミュニケーションにおいては、うまくできないことが原因と思われますが、そのイライラから暴言を言ったり、大人に対しても乱暴な言葉になることが多くありました。

四歳二カ月時の発達相談において、発達上の課題が指摘され、四歳十一カ月時に県立小児医療センターで広汎性発達障害の診断を受けています。五歳児になり、市の療育教室に週一回通うようになり、自宅の生活にも構造化を取り入れるなどの工夫をおこないました。

平成二十二年に地元小学校に特別支援クラス（自閉症・情緒障害）が新設され入学、入級することができました。しかし、小学校では座って授業を受けるということ自体が難しく、姿勢保持時間や集中できる時間も短く全く集中できないなどの課題がありました。また、同年から、びわこ学園医療福祉センター草津へ通園（月一回程度）し、感覚統合とソーシャルスキルトレーニングを開始するとともに、ＡＤ／ＨＤに対してストラテラの服用を始めました（現在、服用はしてない）。

小学校二年生から、キッズカレッジに参加させていただくこととなりました。

キッズカレッジに参加してからの変化

小学校の間は、学習に向かうということ自体ができず、キッズカレッジでも大変ご迷惑をおかけしたのではないかと思っています。特に低学年の間は、学校では椅子に座ることや鉛筆を持つということを目的に点繋ぎや塗り絵などをすることが大半で、学習ということには程遠い状況でした。それでも四年生ぐらいから、徐々に取り組めるようになってきましたが、苦手意識のある教科については、学習に向かうことに大きな抵抗を感じていたようでした。また、体をうまく使うことが難しく、体育や音楽での楽器演奏（特にリコーダー）が苦手なところがありました。遊びも鬼ごっこやボールなどの道具を使わない遊びしか参加しませんでしたが、高学年になるにつれ体も成長し体力がつくことで体育の授業においてもできることが増え、また遊びでもサッカーなどにも参加するようになっていきました。

一方、対人面では気持ちをうまく表現できないときや感情が抑えられない場面では、他人に対して攻撃的になったり、物にあたったり、言葉が荒くなったり暴言を言うことが続きました。特に、環境が変わる新学期の時期は、気持ちも落ち着かないことも多く、どうしても学校でのトラブルが多くなってしまいました。高学年になると、トラブルを起こさない具体的な手立てとして、「トラブルになる前に（自分で）その場を避けて、どこかクールダウンできるところへ行く」など、他の人との関係においてなんとか折り合いをつけるということを少しずつ学んでいったことや、K自身のテンションが上がってきたときなどは、先生からその状況を伝えてもらって（本人はそのことに気づかないので）クールダウンにつなげるなどの取り組みで、徐々にではありますがトラブルを回避できるようにもなっていきました。

中学校も特別支援クラスに入級し、理科など数教科を通常学級で受けるにとどまり、三年間で通常学級で過ごす時間が特に増えたということはありませんでした。先生方やクラスメイトにも攻撃的になったりすることもあり、大きく変化はなかったように思います。また、家庭で学習する時間については、中二の後半ころからは少しずつ増え、中学校三年生となり、高校への進学が現実となってからは、本人も学習に対する意欲を見せるようになり、自分なりに努力する姿をみることができました。特に何がそのような変化をもたらしたのかについては私たちも正直分かりません。ただ、今まで様々な方々に支えられてきた中で、本人の中で何かが動き始めたのかもしれません。

現在の様子

現在、高校二年生になり本人にも将来の夢ができてきたように聞いています。学校生活では、クラスメイトの言動に嫌な思いをすることもあるようで、学校に行きたくないことが腹痛などの身体に現れることがしばしばありますが、何とか通学をしています。

この年末からは、本人にとっては初めてのアルバイトも地元スーパーではじめており、いろいろな面で成長できるのではないかと期待をしています。本人の夢を叶えるには、学習面での課題（特に数学など）がいろいろありますが、将来の夢を叶えるには、今何をすることが必要なのか見通しを立てて、少しずつでも取り組んでいくことを学ぶことが重要で、それには今が良い時期ではないかと考えています。そのような少し先を見通して、だから今これをするということはK自身にとっては難しいことであるとは思いますが、できる限りサポートしてあげたいと思います。

現在も、月二回程度キッズカレッジに参加させていただいており、K自身にとって自分の困ったことなども話せる心のより所になっていると思います。家族以外にこのような場所があるということは大切なことであると考えますし、キッズカレッジに出会えたご縁というのは、Kや私たちにとって大変幸運であったと思っております。

子育ての中で考えたこと、思ったこと

Ｋが保育園の頃は他児とのトラブルも一番多く、保育園から連絡がこないかどうか毎日恐れているような状況でした。周りの方々のご理解や助けがあって何とか過ごせていたという状況でしたが、特に母親は涙を流す日も多々ありました。保育園では特別な支援ということで加配の保育士の方をつけていただき大変ありがたいことではあり、申し上げるのは大変心苦しいのですが、結果的にはＫがトラブルを起こさないための見張りというイメージしか残っておりません。現在は、さらに特別な支援のあり方についてもその知見が普及し、それぞれの子にとってより良い支援がなされていることを願っています。

Ｋが保育園のときにこのような思いをしたからなのか、小・中学校での特別支援について、正直多くを期待しなかったというのが偽らざるところです。学校としてもどういう支援をしていけば良いか手さぐりであったというように感じていましたし、私たちの思いは思いとして学校へ伝えて一緒に考えていくというところが良かったのではないかと思っています。親として、できることは限られている中で、今良かったと思うことは自分（本人及び親）が悩んだときに安心して相談したり、頼れる場所があるということです。

先にも書きましたが、キッズカレッジに出会えたことは本当に良かったと感じております。窪島先生をはじめキッズカレッジの皆様には大変感謝しております。本当にありがとうございます。

今後、Ｋも自立すべき時期がきます。そのときに向け、できることから一歩ずつ進んでいきたいと考えておりますので、今後ともよろしくお願いいたします。

二〇二〇年ある秋の日の学習室のKくん

学校のテストの成績表を持ってきてスタッフに見せ、みんなに褒めてもらう。

高校一年の夏、成績が思うようにならず、学校にもなじめず、大混乱。「欠席しても留年にならないか？」（数回しか欠席していない）、「留年にならないようにするにはどうしたらよいか？」……と不安をまくし立てていたKくん。スタッフにじっくり話を聞いてもらい、先生や友達との対応方法を一緒に考える。

今のKくんにその面影はまったくない。自分を見つめる余裕のある自信を得て、将来の夢に向かって、たくましく進んでいる。

帰りぎわ、「今の僕があるのはキッズがあるから」とつぶやく。

（編集委員会）

キッズカレッジとの出会い

保護者（母）

キッズカレッジでお世話になる数カ月前、中学生の息子がある日突然、「学校へ行きたくない」と言い出しました。私は状況を受け入れられず、パニック状態でした。不登校は他人事でした。まさか自分の子どもがそうなるとは夢にも思ってもみませんでした。学校生活に我慢し続けていた息子は勇気を出して行きたくないと言ったと思うのですが、私は頑張って乗り越えさせようと登校させることに必死でした。というのは、息子は幼少期から興味関心のあることへは夢中になりますが、ないと物事が続かず、頑張りが足りないように感じていたからです。

私は「不登校になったら、高校へ行けない、ひきこもりになる」との狭い考えの世界にいました。中学校の先生に相談すると、「このまま教室に入れなかったら、家から出られなくなってしまう」と言われ、さらに焦り、先生と協働して学校に行かせようとしていました。

あの頃の私は息子の気持ちを全く理解できず、自分の不安や焦りを息子にぶつけていました。そのため、息子は逃げ場がなくなり、一日中オンラインゲームに没頭していきました。ゲームが唯一、人と交流でき、気持ちを紛らす場になっていたのだと思います。今度は息子の姿をみてゲーム依存症への不安が高まり、ゲームやスマホの使用時間を制限するようになりました。息子は荒れ、教科書を破り捨てる、家の物を壊す、父親との口論などが続きました。また、毎晩、明日の登校について息子との話し合いや連日学校からの電話等がストレスとなり、仕事をしている間が私の逃げ場で、息子と向き合えていない日々をずっと過ごしていました。

そんな疲れ切っていたときに知人の紹介でたどりついたのがキッズカレッジでした。私は学校へ行くことがゴールだと思っていた中で、窪島先生は「学校へ行くことがゴールではない。できない自分を理解することが大切。三年間は中学校にいかなくても大丈夫」と言っていただき安心しました。また、「今が一番、親がしんどいとき。しばらくほっておく。自分で決めることが大切」と教えていただきました。しかし、私はなかなか実践できず、息子が失敗しないように先回りしてしまったり、学校へ行けた日があると、頑張れば行けるかもしれないとの期待を抱いたりしていました。私はほかの保護者の方と比べ理解力が低く、気持ちの切り替えの悪い親だったと思います。息子はキッズカレッジへ行くことをいやがりましたが、「親が決めたことだ」と伝えるのがいいとの窪島先生のご助言とキッズカレッジが出席扱いになると学校に言われてからはメリットを感じ、行くようになりました。キッズカレッジでは息子の話を否定せずきいてくださったり、できていることをほめてくださったりしました。だんだん、息子の心に変化がでてきて、口下手だった息子が先生方と安心して話ができるまでになりました。

高校受験にむけてはオープンキャンパスを通じて、行ってみたいと思える高校に出会いました。キッズカレッジに来られている大学生Mさんに個別で教えていただき、少しずつ受験準備をはじめていきました。本格的にやる気をだしたのは受験二週間前で、忘れかけていた連立方程式や英語の過去分詞等の問題を親子で解けるまでになりました。作文や面接も窪島先生にご指導いただき、表現力の苦手だった息子が堂々と話せるまでになりました。受験当日も作文と面接では力を発揮でき、無事合格することができました。

また、息子はキッズカレッジのフリースクールへも通わせていただきました。フリースクールでは息子と同じ趣味の大学生のAさんに出会うことがとても楽しみになり、一人で電車、バスを利用して行けるまでになりました。フリースクール後の息子はいつも生き生きとしていました。しかし、Aさんとの最後のフリースクールから帰宅後はずっと無言のままで「もう会えない。居場所がなくなった」と泣き崩れていました。息子にとってAさんの存在はとても大きかったようです。

不登校となってからは悩みや苦しみがありましたが、息子は支えてくれる様々な大人の方に出会い、少しずつ元気になってきました。私も窪島先生をはじめみなさんから「無理をさせない。無理をさせるといい結果にならない」との言葉を繰り返し教えていただき、我慢して乗り越えたら人は強くなると思い込んでいた私の考えも変わってきました。キッズカレッジに出会っていなかったら、私は息子をさらに追い込み、私自身もどうなっていたのかわからなかったと思います。

この春、高校に入学することになりますが、入学がゴールではなく出発だと思います。いろんなことを体験して感じて、自分の強み、弱みを理解して自分のやりたいことを見つけて、息子なりに成長してもらえたら嬉しいなと思っています。

窪島先生、キッズカレッジの先生方、いつもありがとうございます。これからもよろしくお願いいたします。

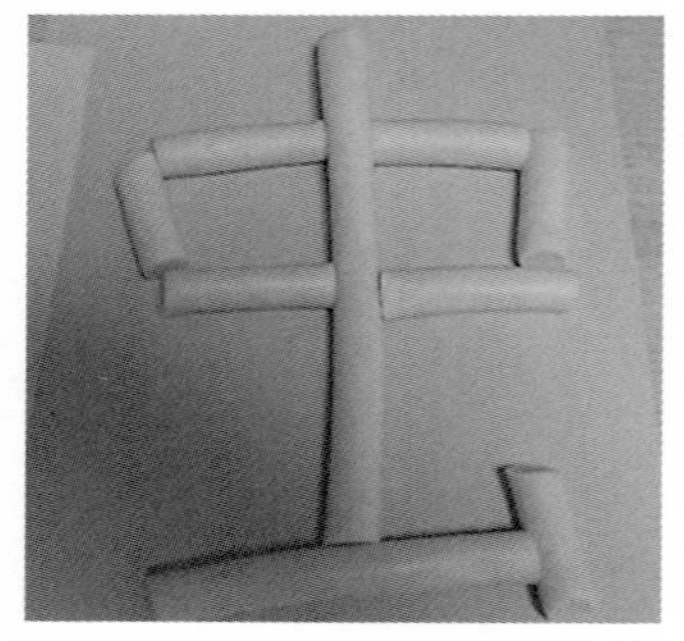

ディスレクシアのある息子の大学生までの歩み

保護者（父）

この手記は重い読み書き困難（ディスレクシア）と診断されている息子の話で、小さいころから現在の大学の生活まで、主に教育の面で、親が見てきた課題や出来事を紹介させていただきます。

初めて息子の発達に問題がありそうと言われたのは、通っている保育所の先生からでした。京都では主に児童相談所とやり取りをしましたが、当時の京都市の発達障害対策が夢と同じぐらい実体がないことに気づいて、本人が六歳になったばかりのとき、ＮＰＯ法人ＳＫＣキッズカレッジでディスレクシアの診断を受けて、重いディスレクシアの子として月二回、中学校の部活が忙しくなって止める中二までずっと通いました。今日まで、いろいろお世話になってきて、ＳＫＣの存在に感謝しています。

キッズカレッジ（ＳＫＣ）に参加するようになると同時に小学校が始まりました。最初はディスレクシアについて小中学校の校長先生は全く関心がなかったけれど、一年生の教育実習生が算数や国語の授業のときに一生懸命に息子の相手をしてくれたお陰で息子は辛うじて休まずに毎日学校に通いました。二年のときに新しい校長先生が入ってきて、親の継続的なプレッシャーが必要でしたが、学校側がやっと動き、教育委員会の許可を得て息子のために支援の先生を契約で雇って（初めはボランティア）、算数と国語を別室で一対一の形で勉強しました。でも、もっと大事な動きは小学校がＳＫＣと連携するようになったことでした。ＳＫＣが学校を訪問したり、小学校の数人の先生がＳＫＣのワークショップに参加したりして学校のディスレクシアについての知識が増えました。学校全体でディスレクシアの課題を認識・理解しようとすると、息子だけでなくて他の生徒にも役に立つことになりました。特に役に立ったのは〝親が直接に教育委員会へ行く〟という「脅迫」のようなやり方と連絡帳でした。教育委員会は、面談の形で直接に親と対話するのは嫌がるようで、学校側は〝教育委員会に対する質問があれば、学校を通して聞いてください〟という台詞で教育委員会を守ろうとしているようでした。そこで、予算などの問題で息子の支援が遅れていると、学校に〝直接に教育委員会に行くよ！〟という脅しで問題がすぐ解決されました。また、連絡帳は、親が支援の先生と連絡を取り、息子の課題はもちろん先生の課題も共にでき、問題の認識・解決が早くなりました。小中学校のディスレクシアに対する知識・認識を高めるのは大変だったけれど、義務教育で、子どもの権利や合理的配慮を訴えるとだいたい学校側（教育委員会）は、ゆっくりだけれど、前向きに対応してくれました。国内外の例を見せながら、またＳＫＣの力を借りながら（学校側に専門的なアドバイスを提供するなど）、親として忍耐強く学校側にプレッシャーをかけて、支援（特に代読・代筆付きテスト、支援の先生の導入及び算数・国語の個人授業）を獲得しました。小中学校とＳＫＣの尽力のお陰で、息子はそれぞれの学校を卒業することができました。

親の個人的な気持ちから、小中学校の時期に本人が読書の喜びを味わえるために、音声本があればいいなと思って（当時、Audibleなどの音声本サービスはなかった）、調べると日本ライトハウス（視覚障害者の総合的社会福祉施設）がとても良心的にディスレクシアの人たちに音声本のサービスを提供していることがわかりました。本人がこれを利用して自分の想像力を楽しく鍛えることができました。また、小二のときに偶然にラグビーと出会って、小三からミニラグビーをやりだしました。スポーツの楽しさだけでなく、少しずつだけれど、本人に自信がつきました。今日まで、ラグビーが生活の大きな一部となっています。

中三のときに高校への進学の準備が課題になり、親にとって、一番大きな不安は義務教育が終わるということでした。受験するためには代読・代筆が欠かせない条件でした。いくつかの私立高校と相談したけれど、どこも代読・代筆付き受験を行う自信が持てなくて、断られました。また、教育委員会と公立高校で代読・代筆を行う可能性があるかどうか相談することに関して中学校側に任せたけれど、受験シーズンが始まるすこし前に教育委員会から〝ダメ〟という返事が中学校経由で来ました。この返事のタイミングで進学を準備する時間がなく、また日本の高等学校教育のディスレクシア対策が余りに遅れているので、息子と相談して、海外（ニュージーランド）の高校へ行かせることになりました。ちなみに、息子が海外に行くことになったからといって親は諦めずに電話・メール・打ち合わせで教育委員会にプレッシャーをかけて、代読・代筆付きで受験が認められることになりました。しかし、結局、入学について近所の高校と相談しても、ディスレクシアに対する校長先生の認識・知識不足また偏見が余りにひどく、息子をそういう環境に入れるのは好ましくないと判断しました。

海外に行くことに関して、本人の負担を減らすために、学年を一年遅らせて（海外の場合これはごく当然）、敷地内に寮がある学校を選びました（通学の負担を減らす、また宿題の手伝いがあるため）。また本人の大好きなラグビーが盛んな高校を選択しました（ディスレクシアの子が好きな勉強・趣味があれば、学校生活がもうすこし楽しくなるらしいから）。その高校は一般の私立高校で、特にディスレクシアに強いわけではないが、ほかのニュージーランドの高校と同じように学習障害生徒のための支援センターがあり、また当然のように包括的な教育を行っている。その上に、ニュージーランドは教育や生活に対する不可欠な部分として自立精神に強い国で、〝意志があるところには道がある〟という精神で本人のニーズに応えました。息子が好きな道があれば、学校はそれを活かしてくれました。その上に、海外によくあるパターンだが、高校の教科課程が幅広くて、また高校生がその中から一部の教科を選ぶことができるし、国によるけれど、教科を絞って数少ない教科だけで深く勉強する。従って、本人にとって興味がある教科、また本人にとって勉強しやすい教科を選択して（たとえば、体育のコース、ドラマ［舞台役者用］コースなど）、比較的楽しく勉強して、単位を取りました。もちろん、その裏に、親が学校側と連携することで（場合によって、アドバイス・提案を提供し、プレッシャーもかけた）、対応が行われました。また、海外在住の間、遠距離支援として、様々な技術を利用して本人の支援（独立をさせること）を行いました。たとえば、単語（文章）が読めるペン（本人のディスレクシアが重いからうまくいかなかったけど、軽いディスレクシアならこのペンが役に立つと思う）、インターネットの単語帳サービス（うちが利用しているのはクイズレット［Quizlet］、これは音声、写真、ビデオもあり、また世界の言葉にも対応している、勉強の道具として素晴らしい）、パソコン・スマホの音声機能（読み上げ機能など）をワードやパワーポイントなどで活かせた。また英語なら、ユーチューブの教育動画が豊富で、本人がユーチューブを利用してそれぞれの授業を視聴覚的に復習しました。

本人の努力と高校教育の柔軟性・合理的配慮のお陰で卒業できました（そのままニュージーランドの大学に入れる成績だった）。でも、帰国して日本の大学に入りたいという気持ち（自信）が沸いたので、まず日本の大学が包括的教育（合理的配慮）を提供していただけるかどうかを確認する作業が次のステップでした。高校と違って、日本の大学は驚くほど一生懸命に合理的配慮に取り組もうとしているので、三つの私立大学にお願いすると三つとも代読・代筆付きの入試を行っていただけました。そのために、本人が大学に入学し、大学生になることができました。主な支援はノートテイカーや代読・代筆付きのテストだけれど、本人は自分の工夫と先生たちの工夫に頼りながら、いま大学で頑張っています。

日本で、やっと、息子が安心して生活できると思っていると、また差別の壁が現れました。今回は、本人が部活関係で五〇ccバイクの免許を取りたいといい、本人が地元の運転免許試験場に電話して、代読・代筆付きでペーパーテストを受けるのは可能かどうか伺ったところ、警察本部（都道府県警察の本部）と相談した上で、免許試験場の答えは〝ダメ〞ということでした。親も免許試験場と相談して、日本が二〇一四年に批准した国連の障害者権利条約に反していることを説明しても、警察本部は耳を傾けてくれませんでした。

今まで、ディスレクシアの支援のために親として私たちは様々な相手と交渉してきましたが、今回の相手は警察本部という強力な組織で、早速、弁護士のアドバイスを求めました。しかし、警察本部の権力が余りに強いので、国連に苦情を申し立てても、裁判を起こしても、警察本部はちっとも反応しないだろうというアドバイスでした。まだ諦めていませんが、これからどのように、この全能の組織と交渉して、旧い考え方を放棄していただくように説得するかがいまの課題です。

最後に、本人にとって海外生活の中の一番良かったことは、社会のディスレクシアに対する高い認識や率直さがあるということでした。学校・空港・郵便局・銀行等々で説明せずに〝僕はディスレクシアの子です〞というと、相手が〝そうか。どうしてほしいの？〞（場合によっては、〝私も〞）というさり気ない言い方で理解や協力を提供して頂くことが多かった。本人にとって、何も隠さなくて良いということがよかったらしい。

日本の社会はいつ同じような環境になるのだろうか？

Sくん作（小4ごろ）

迷いながら娘とともに歩む

保護者（母）

キッズカレッジ（以下キッズ）が二〇二〇年で発足一五年を迎えるとお聞きしました。ありきたりながら継続は力なり、という言葉がしみじみと浮かびます。おめでとうございます。現在二一歳の娘が七歳頃からお世話になっていることを考えると、その草創期から歩みを共にさせていただいていたのだなあと感慨深いものがあります。

今、キッズに通っておられるお子さんの親御さんは、当時の私同様、ひたすら悩ましく、あるいは漠然と先の見えぬ不安ばかりが寄せているような、そんなお気持ちの方が多いのではないでしょうか。あるいは、日々子どもたちのアップダウンする様子に付き合うのが精いっぱいで、ほかのことは思考停止状態の方もおられるのではないかと思います。少なくとも、私はそうでした。

先述の娘と、現在大学一年生の息子の二人がキッズにお世話になっていた私にとって、二人の学童期から中学生頃までの心の支えの一つはキッズでした。とはいえ、正直なところキッズは「魔法の学習室」ではないと思っています。参加し始めてすぐにお子さんに見違えるような良い変化があるとか、将来に俄然希望が見えてきた、というような即効性を期待する場所ではありません。むしろ、学童期から義務教育を終えるまで、つまり、自らの足で立つための進路を見出すまでの長い年月を、親子ともども折れそうになる心を支えてもらい、ナーバスになるあまり迷路になっている心中を吐露させてもらい、共感してもらいながら、ずっと絶妙な距離感で寄り添っていただいた場だと思っています。そういう意味で、キッズには本当にお世話になりましたし（現在もですが）、その思いを誰よりも強く思っているのは、本人たちより親の私であろうと思います。

ここでは、そういったキッズと子どもたちと親の、ターニングポイントとなった思い出を中心に書いていこうと思います。

娘のこと

平成十年生まれ。書字障害のほか数的理解が著しく弱い。記憶力は悪くないので、たとえば九九なども覚えるのだけど意味が分かっていない。算数障害、遠視と内斜視による見え方の難しさもあり、視覚障碍者施設にもお世話になっていました。学業面を一言でいうと、異様なまでに不器用。字はもちろん、絵をかくのも苦手、体を動かすのはもっと苦手（小学生時代、五〇メートルを一五秒で走るツワモノでした）。目のこともあるのか、模倣なども苦手。とにかくわかりやすい形での特技や「できるね」というものが見出しにくい人。当然成績も低空飛行（特に算数は壊滅）。そんな娘のいいところは素直で芯が強いということ。たとえばできないことに対し、同級生にからかわれて傷ついたとしても（ノートの字が下手だとクラスで回し読みされて笑われる、聞こえよがしに「あの子ガイジだから」といわれるなどいろいろありました）、学校やキッズの先生に「こういうところはいいよ」と褒めていただいたり、私が「字は書けへんかもしれへんけど、人間的には何も恥じるところはない」といえば、「うん！」と受け止められるし、立ち直りも早い。悪くいえば鈍感ともいえましょうが、少なくとも学童期に、自己否定にまみれずに立てたのは、彼女の素直さ（鈍感力）がプラスに働いたのだと思うし、それは持って生まれた美質であろうと思います。そのため、親の私から見れば「安定低空飛行」、純粋に学力や将来性ということへの不安はあれど、対応としては「やりやすい人」であったと思います。

そんな娘でも、やはり非常に揺らいだ時期があり、その都度キッズにお世話になっています。

揺れ期その一　中学入学前

小学校入学前の就学前健診では「普通学級、要観察」という結果が出たこともあり、小学校六年間はたびたび育成学級（京都市の支援学級）移行を検討しながらも、本人の真面目さや、彼女は周りとの交流があるほうが伸びるタイプといわれ、ずっと普通学級で頑張ってきました。これは、娘が一年生に入ってからずっと学校にお願いしていた「個別対応」が三年生になって実現したこともあってのことです。個別対応といっても取り出してもらっているだけで、ＬＤ児対応の特別な授業があったわけではないのですが、日頃の授業では常にいっぱいいっぱいであった娘の息抜きができれば幸いという思いがありました（三年後に小学生になった息子の場合、後半にはＬＤ教室という形での取り出しが可能となっていました）。ともあれ、六年生まで取り出し授業を併用しながら普通学級で過ごしたのですが、中学入学前の教育相談で、育成学級判定が出ることに。ここから入学までが揺れる、揺れる……（苦笑）。経緯を時系列にそって書き出してみることにします。

六年生十二月

教育相談で育成学級判定を聞いて、娘が泣いて「中学も普通学級に行きたい。友達と離れたくない」と訴える。感情の表出に乏しい娘にとって、泣いて訴えること自体がレアケース。まして正直それほど友達がいたわけでもなく（仲良くしていたのは一人だけ）、親としては驚いてしまう。

キッズ、当時の担任等に相談するとみなさん「検査ではそういう結果になるかもしれないけれど、本人の伸びる力を考えると、最初から選択肢を狭めるのはお勧めしない」とのことで、娘の意向とも合致することもあり、普通学級でお願いしたいと中学校に話し合いにいくことにする。日程は翌年二月ということに。

六年生一月末

中学校との話し合いを二月に控えた折、突然娘が言い出す。「私、中学はやっぱり育成学級に行きます。だって今でも勉強ちんぷんかんぷんやもん。もう、しんどい」と。こちらとしては、「育成学級判定の出ている子ですが、なんとか普通学級でお願いできないか」と談判するつもりが肩透かし。しかし、「もう、しんどい」と言った娘の気持ちも尊重するべきだし……。そこで、急遽中学校の育成学級の授業を娘と二人で見学にいく。学校の様子を見ても「うん、やっぱり育成に行きたいと思った」という娘。しかし、キッズの先生は「普通学級のほうが」という反応。

六年生二月

親子で育成学級の見学に行った翌日が中学校との面談。保護者側は両親参加、先方は校長と副校長が対応。本来の予定では「育成学級判定だが普通学級へ」とお願いするつもりだったが、娘が急に育成に行きたいといいだした、という経緯も正直にお話する。そして結論は保留とし、次回の面談を三月に行うことになった。

親と中学校との面談のあと、キッズにて久保田先生と娘が二人で話し合い。娘は先生に「自分がすごく頑張っても、テストで悪い点数しかとれない。みんなみたいな点数がとれないのがしんどい。自分だけが悪い点数なのがもういやだ」と言ったそう。そこまで具体的に親には言わなかったので、彼女のナマの声に軽い衝撃を受ける。それまでの鈍感力（誉め言葉）を思えば、内的にもずいぶん成長していて、親に言わない裏側でいろいろ抱えているんだな、とあらためて思い知らされる。久保田先生との話し合いでは、最終的に本人自身が「やっぱり普通学級でがんばる」といったそうだが、あえてそのことには触れずしばらく様子見をすることに。

六年生三月

三月半ばに迫った中学校との二回目の面談をひかえ、直前に何気ない調子で娘に聞く。

「で、結局どっちを希望するって話してきたらいい？」。娘が「普通学級」とこたえたので、「わかった。じゃ、そういうことで話してくる」。

二度目の面談も両親揃って参加。普通学級に行きたいこと、できる範囲で構わないので、特に苦手な数学を何らかの形で補習をお願いできないか、テスト時に、書字のつたなさを若干考慮に入れていただけないか、といったことをお願いする。学校側は、数学の取り出し授業は難しいけれど補習なら対応できるかもしれない、とりあえずは学校が始まってから、様子を見ましょうとなる。ほかにも、担任は女性の方がいいか？といったことも聞かれる。性別へのこだわりはないけれど、あまり体育会系の先生だとお互いにしんどいかも、と伝える。ここまでが「揺れ」の第一期。子どもが揺れているときに親も一緒に揺れ惑ってはいけない、と頭では思っても、内心は大揺れなわけです。

何より、客観的な判断ができない。最初に娘が「普通学級がいい」と泣いたときに、それでも彼女にどちらが合っているのか、がわからない。親の意向としては普通学級で頑張らせようかという思いがあっても、それは無理強いなのかもしれない……などと、思考がグルグルするのです。そういうときの客観的な視線となるのがキッズという存在でした。「娘ちゃんが育成はありえない」という断言に、それはそれで「ほんと?」という思いはあれど(笑)、客観的にみてそうならば、本人の意向も「普通学級」なんだし、ここは親も心を引き締めて中学と話をしよう！となったわけです。

そのあと、娘がブレてまたこちらもブレたわけですが……。それもまた娘とキッズで話し合いをしてくださったことで、道が定まった、と思っています。

揺れ期その二　中学二年後半

実際に入学すると、お願いした取り出し授業は早々に実現(特別な授業ではなく、教室と同じ科目を一人でするといった、小学校時代同様「安らぎ時間」の意味合いの強いもの)。定期テストなどでの文字への配慮は「各教科の先生ごとで、ご判断はお任せします」という形でお願いしました。微妙な字で○はつけられなくとも、△にしてくださるなどの対応をしてくださったように思います。成績は「2」が中心ながら「3」もちらほら、「1」はなしというところ。数学は四点とか八点とか実にすばらしい点数(もちろん一〇〇点満点中です……)がほとんどでしたが、授業態度のまじめさと課題等の提出物はすべてクリアしていたことで「2」がついていたようです。娘の態度を「一生懸命だから」と好意的に見て下さっていたと思います。担任の先生は女性でしたが、気になることはすぐに連絡してくださるなど、意思の疎通がスムーズで、いろいろな意味で助かりました。以後、三年間同じ先生が担任してくださったのも（クラス替えは毎年ありました）、有難かったです。一年から二年の進級時も、育成への移行は検討に入れつつも、「とりあえずこのままで」と引き続き普通学級へ。しかし、もともと「めいっぱい頑張っている」状態だった娘、中学二年になって息切れしてきます。ここから、第二の揺れ期に。こちらも時系列で記してみます。

中二　夏休み明け

娘が「勉強中、手が震える」と訴え始める。「育成学級に行こうかな」と言いだす。内心「きたな」と思う。というのも、二年生になって本人なりに頑張っても、クラスの仲間との成績の開きは大きくなっているのを自覚しているらしい、というのが見えていたから。さて、どうするか。育成に移行する、と決めるのはそう難しくない。けれども、この時点では育成学級から普通高校という道はまだまだ難しい時代。現時点で普通高校受験という芽を摘んでよいものか……。私自身も惑って、答えが出せない。しかしその後、高校時代の恩師に相談に行き、そこで力を得た（詳細は後述）。私は、娘に「できればもう少し普通学級でがんばってみたほうがいいかなあ、と思うけど？」と伝える。娘も数日後「やっぱり普通学級でがんばる」といいだす。本当にいいのかな？いずれにせよ、最終的に決めるのは三年生に上がる前、しばらくは様子見だ。

中二、一月

ある日の会話

先延ばしにしていた「三年生」が目前に迫ったある日、娘に聞いてみた。

母「三年生からどうする？」

娘「迷ってる。育成にいきたいかなと思ったり、普通にしようかな、とか」

母「やっぱり普通学級はしんどい？」
娘「うん。ちょっとしんどいかな」
母「それは、勉強が？　それともみんなと一緒のクラスにいることがしんどいの？」
娘「どっちもあるけど、どっちかというと勉強」
母「そうか。まぁ二月には決めなあかんなあ」

中二、二月

二月に決めなあかんなぁといった私の言葉を、娘は重く受け止めていたのだと思う。ある日こういった。

「私、普通学級か育成学級か本当に迷ってるねん。どっちがいいか気持ちが半分半分で、どうしていいかわからへんねん」。絞り出すような言葉に、彼女の煩悶がこもっていた。だからこそ務めてフラットに話そうとした私はこういった。

「ほんまに難しいなあ。要は娘ちゃんが、どっちに行ったら自分に自信が持てて、今みたいに学校で縮こまってなくて背筋がしゃんとできるか、なんやけどなあ。おかーさんがなんで今まで普通学級で頑張る方を勧めたかというと、その方がいろんな可能性の選択範囲が広いかな、と思ってたんやけど……。育成に行ったことで勉強が今よりわかるようになって、今よりもっと自分に自信がもてるかもしれへんしなあ……」

　そして最後に「自分で考えて決めや」と、締めくくった。というのも、その前に「普通学級で頑張ったら？」といったことが親の強権発動になっていなかったか、という反省があったからだ。私自身の意向は普通学級で変わらなくとも、娘が育成を本気で選ぶならばそれに添うべきだ。ここはもう親の意向をちらつかせず、本人が考えて答えを出すべきだろう。いつまでも親がレールを敷いていてはいけないのではないか…

…。そう思っての「自分で考えて決めや」だった。

数日後

「自分で考えて決めや」といった数日後のこと。担任より電話。「先週から『育成に移行しようかどうか悩んでいる』と相談を受けている。先日は『普通でがんばる』と言っていたのに、今日は『育成がいいかな』と言っている。できたらすぐに話し合いをしたい」。

その日の夜に学校で面談。保護者は私のみ、学校側は担任、学年主任、校長と豪華な顔ぶれである。担任曰く。「今まで掃除時間はごく普通にやっていたのに、ほうきを持つ姿さえも萎縮していて、視野がすごくせまくなっている印象がある。勉強だけでなく、いろいろとしんどいようだ。育成でもっとのびのびと彼女のペースで勉強するほうがいいんじゃないか」。学年主任曰く。「今、とっても苦しそうな娘をどうにか救ってあげたい。しんどいところでがんばらせなくてもいいんじゃないか」。……言われる言葉すべてが刺さった。同時に先日の「自分で考えて決めや」という声かけは、親として子どもに丸投げするという無責任な態度であり、娘にはまだ早急すぎる対応だったということも痛感する。

娘を追い詰めたことを反省しつつも、私の中では「やはりまだ、親がレールを敷いた方がいい」と腹が据わるきっかけともなった。中学の先生方の言葉にショックは受けたけれども、それで育成移行に気持ちが傾いたかというと逆だった。

「今はしんどいかもしれないけれど、やはり普通学級でがんばってもらう」、それは、「娘の可能性を信じること、それについてのサポートこそが現時点での私の責任である」と腹が決まった、ということだった。とはいえ、もちろん迷いが完全になくなったわけでもない。やはりもっと客観的な判断がほしい。ここはやはり、キッズに相談、である。

窪島先生に電話で学校でのことを伝えると、先生からは即答で「育成ではなく、普通級！」と言われる。それに力を得つつ、一度ご相談したいとお願いする。キッズでは、久保田先生にお話を聞いていただく。久保田先生も「普通学級」というスタンスである。それを中学校にどう伝えるか。世間体云々ではなく、普通学級で頑張れる力も、伸びる力も娘はもっていると信じていることを、理性的に伝えるには……？

久保田先生がふいにおっしゃった。「娘ちゃん、将来の仕事は何が向いてるかなあ」。私は返す。「何ができるというのは、ないのですけど……」。でも、私が勝手に思っていることですが、まじめで優しいので、ヘルパーとか介護の仕事はできるかも、と思っています」。それに久保田先生がさらっと返された。「そういえば、園部のあたりに福祉系の私学があったと思うけどなあ……」。

「！」。私にとっては天啓といえる言葉だった。福祉系の高校があることも、それが通学圏内（一時間はかかるけど）にあることも知らなかった。

「それ、調べてみます！」

中二　三月

久保田先生のお話をお聞きしたのが「レールは親が敷く」という腹を決めたタイミングだったこともあり、そのあとは早かった。早速くだんの学校のHPを調べ、娘にも話してみる。詳細は割愛するが、何度か話し合い、最終的に娘も「三年は普通学級で頑張って、この学校を受験する」と決断するに至る。

以上が、揺れ期その二の話。中学校というステージでの揺れは、「将来」という言葉がより現実的であった分、小学生時より深刻で、その分悩みも深かったです。ちなみに経緯のところで高校時代の恩師に相談に行ったことをさらっと書きましたが、その恩師とは、高校卒業後も数年に一度自分が煮つまるたびにいろいろと相談しており、娘のことも最初に字が書けないらしいとわかった直後に話を聞いてもらっていました。子どもたちを連れて先生のご自宅に遊びに行ったこともあり、娘のことも見知ってくださっていました。

相談するときに感情があふれるあまり、数年ぶりに号泣（苦笑）。もう四十過ぎのおばさんだというのに、恩師の前では高校生のままでした（お恥ずかしい）。このとき、何が一番苦しかったかというと、「子どもの進路に対して何らかのかじ取りを親自身がしないといけない責任の重さ」。普通学級でも育成学級でもいい、誰かに決めてもらったら楽になれるのに、という無責任な逃避をするほどには病んでいたのでしょう。そのとき、恩師は私の話を全部聞いてくださってから、おっしゃったのでした（実際はもっともっとたくさんお話くださったうちの一部です）。

「〇〇ちゃん（私の名前）が、非常に慎重に考えている気持ちはものすごくわかります。娘ちゃんを楽にしてあげたい、という思いも、ものすごくわかります。でも、どこにいたって頑張るということは必要だし、娘ちゃんは〇〇ちゃんの子どもだから頑張ることができる人だと思うし、ほんとうに辛いだろうけれども、ここはもう少し心を鬼にするほうを選んだら？と私は思います」

こう言われたことで、「本人が絶対に育成に行きたいというのでない限り、普通学級で頑張らせてみよう」とはっきり思えたのでした。その後、娘を追い詰めることとなってしまったわけですが……。

それでも、追い詰めたことへの反省はあっても、私自身の揺らぎがなくなったのは恩師の言葉のおかげです。キッズといい、恩師といい、常に周りにすばらしいアドバイザーがいてくださって、本当にありがたかったと思います。そういう環境に恵まれたのは、子どもたち自身が持っている「徳」だろう、とも。

その後　中三～高三

中二の三月の段階で福祉科のある私学への受験を決めましたので、そのあとはただただ進むだけでした。学力的に行けるかどうかという不安はあれど、進む方向への迷いがこの時点で完全に吹っ切れていたのは、親子ともどもよかったなあ、と思います。受験校の学力ランクが最下層ということもあり、推薦にてなんとか合格。高校三年間は成績的にはクラスで「中の上」という、娘にすれば経験したことのない「いい成績」だったため、大いに自信ともなったと思います。

毎日七時、三年間で数十日あった実習の折には六時半に家を出る日々でしたが、休むことなく元気に通いました。高三になって次の進路を決めるとき、彼女は短大の幼児教育学科を志望しました。進路決定にあたって私がアドバイスしたことは、進学、それも短大にしたら、ということだけです。というのも、彼女なりに成長したとはいえ、いきなり就職するにはあまりにも社会的スキルが低い。かといって、四年制大学は荷が重いし、高校で介護の専門分野は修めているので、さらにそれ以上の福祉系専門学校へ行くよりは、別の学びを短大でしてみるのもよいのでは、と思ったからです。彼女はいくつかの短大のオープンキャンパスを一人で回り、自分で「ここにする」と受験先も決めてきました。幸いにもＡＯ入試にて早々に合格。中学時代と違い、自分で考え、決められたことに、娘の成長を見た思いがしました。福祉科での成果としては、初任者研修は取得、ただ、三年卒業前後に受験した介護福祉士の国家試験は、合格点に一点足らず不合格でした。彼女なりに頑張ったと思いますが、その時点では、それが精いっぱいだったのだと思います。

短大時代

短大はひたすら多忙の日々でした。幼児教育学科では保育士と幼稚園教諭二種の二資格を取ることが可能です。とはいえ、それは娘にとってハードルが高いものでした。まず、単純にとらないといけない講義が多いこと。さらにレポートも実習も多い。特にレポートや実習簿など手書きするものが多く、書字が怪しいだけでなく、書くのに非常に時間がかかる彼女にとって、人一倍どころか、人十倍時間をかけてやっていたと思います。何より超不器用な娘にとって最大難関はピアノ。片手もおぼつかないのに、両手で別々のことを弾くなんて、とてもとても……。一回生時は、なんと試験すら受けさせてもらえない有様（試験課題にまで到達できないため）。そこで、ただでさえ課題が多い中、ピアノ教室にも週一回通うことに。日々の講義、レポート、実習、実習のレポート、そしてピアノ。さらに一回生時は前年に不合格だった介護福祉士の試験勉強も並行していました。本当に地道に、コツコツ頑張ったと思います。結果、一回生の終わりに介護福祉士の試験は合格。卒業時に保育士、幼稚園教諭の両資格も取得しました（懸案のピアノは先生いわく。「おまけしてあげる」とのこと（笑）。まじめさを買っていただいたのだと思います）。器用なお子さんならば、難ないことなのかもしれません。しかし、本当に不器用で、要領も悪く、苦手なことが多い娘にとって、この結果はすばらしいと心から思います。

現　在

短大を卒業後はデイケア施設に就職し、現在にいたっています。二回生時の就職活動は難航しました。短大で幼児教育を学び資格は取得したものの、幼児教育よりも福祉の方が向いていると実感したようです（私もそう思います）。そこで福祉系に絞って就職活動をすることに。しかし、短大にきている数少ない福祉系の就職あっせんを受けるも全滅。その後、職安におもむきあっせんしてもらうも、やはり不採用。親から見れば、それも致し方なしというのが本音。コツコツ努力する美徳だけで点をつけてもらえるのは学生時代までのこと。現状、社会的スキルが相当低いのは一目でわかりますから。

二回生の一月になってもまだ就職先は決まらず。最後はインターネットで募集の出ているところを自分で見つけ、受けにいきました。そこでもまた不合格だったのですが、そのときの面接官が「あなたは介護に向いていると思うから、別の事業所受けてみる？」といってくださり、系列事業所の面接にいくことに。そこでも先方は「採用を迷っている」とのこと。しかし、「とりあえず、二月、三月バイトに来てみる？」と言われたのでした。バイト経験ゼロの娘が、いきなり週五でのアルバイト。どうなることやら、と思いましたが、とりあえずまじめに通い、短大卒業後そのまま正式採用となりました。

現在、正職員となって十カ月。日々は決して満帆ではありません。休みが少なく、重労働の職場です（離職率の高さに驚いています）。そんなただでさえ人手の足りない職場において、先を見越して行動することが苦手で、一つ一つの動作が非常に遅い娘は、ともすれば足手まといにもなりかねない面もあろうと感じています。厳しい言葉を言われ、帰るなり泣き出したことも一度や二度ではありません。それでも家で夕食を食べ、家族で話しているうちに笑顔になり、次の日は当たり前のように仕事にいく娘を見て、「できないことも、足りないところもたくさんあるけれど、この人は大丈夫だ」と思っています。そう思わせてくれたのは、彼女の努力があってこそ。今は、ひたすら体を壊さないようにとだけを願っています。

お子さんが発達障害と診断されて、ただただ不安になっている保護者の方へ

親も子も、何ともならないと思えるときも、泣きたいときも（実際に泣くときも）、しんどいこともいろいろあって、どうなるんやろと思うでしょうけれども、大丈夫！　なんとか、なります！　いや、正しくはなんとかなってないところもたくさんあるけど（笑）、それでも日々、笑顔は確実に増えていて（むしろ今はほぼ笑っている）、少しずつ自分たちの足で立てるようになってきます。どんどん子育てが楽しくなってきますよ！

そして、しんどいときには、キッズの先生や、保護者の方々とお話しされることをお勧めします。

娘のことだけで長大な文章になってしまいました。ここまでお付き合いくださった方、有難うございます。当時の記録を書き起こす作業をしながら、すっかり忘れていることばかりで、自分のことなのに「へー、そうやったんや」と新鮮な気持ちで、これまでを振り返りました。

本当は息子のことも書きたいのですが、それはまたの機会に。息子はＬＤ、自閉症スペクトラム、ＡＤＨＤとつけていただく診断名も多く、書字は娘以上に困難、気分の乱高低も激しく、とりあえず厄介な人でした（笑）。彼の小学生時代はひたすらに疲れ果てる日々でしたが、それでも現在、志望大学に何とか合格し、ひと段落ついた気分です。まだまだ悩ましいことは多いのですが、彼の成長もまた大きいもので、あらためて人は成長する生き物だと実感しています。

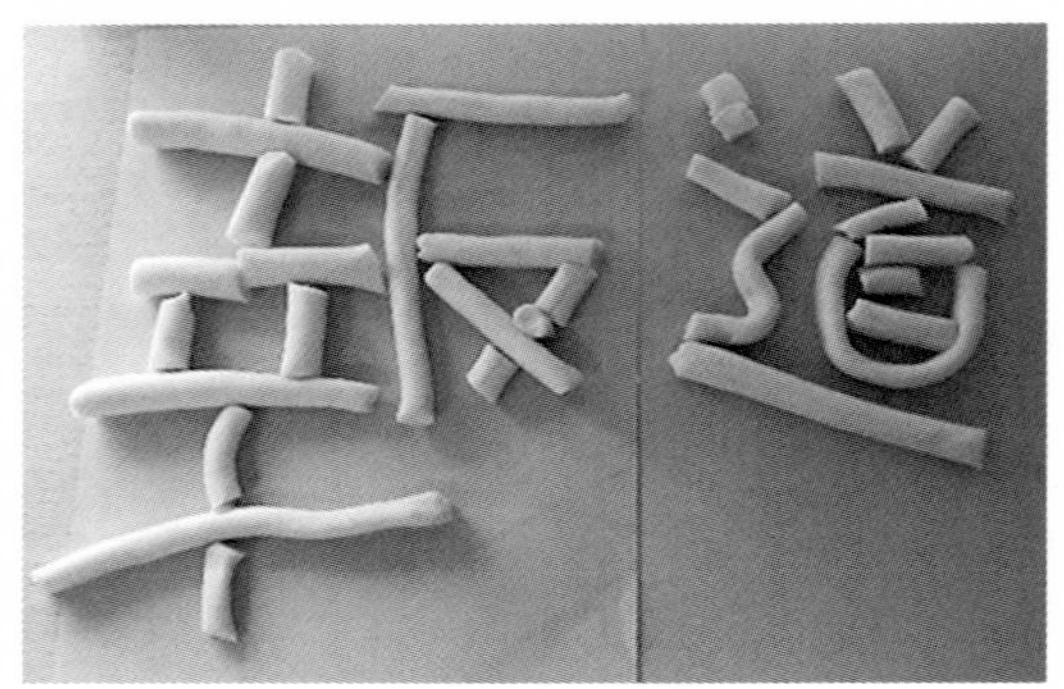
報道

親子ともゆっくり見極めて

保護者（母）

我が家には、素敵な子どもたちがいます。

二人とも、なにがしかの発達障がいをもっていますが、今回は、上の子のことをお話しします。上の子が、滋賀大キッズカレッジの学習室に通うようになったのは、小学二年生の春からでした。短大を卒業するまで約十二年間（今も学習室にお邪魔してレポートを書かせてもらったりしてますが……）、しっかりお世話になりました。

小中学校時代、いじめ等々いろいろありましたが、担任の先生をはじめ、周りの方々の暖かいサポートのおかげで何とか乗り切ることができました。高校入試は、早いうちからあちこちの高校を見学して備えたのですが、結局志望校が決まったのは、中学三年生の十月、もうぎりぎりでした。あれこれ悩む私たち親子の背中を押してくださったのは、「自分で決めた学校にならば、ちゃんと通える子だから大丈夫」という窪島先生の言葉でした。その言葉通り、高校三年間、片道二時間の距離を毎日苦手な電車に乗ってほとんど休むことなく通うことができました。

中学校までは、書くことが苦手で、友人もほとんどできなかったのですが、高校に入ってからは、書くことが苦手なことには変わりはなかったのですが、家で勉強する姿が見られるようになったり、とても仲の良い友人たちにも恵まれ積極的に行事に参加するなど、高校生活を楽しむ姿に、私たち親も、初めてホッと息をつけた時期でした。将来の夢も、はっきりと持てるようになり、またまた進学のシーズンを迎えました。高校入試のときとは違い、早々に志望校が決まり指定校推薦を使って手堅く進路を確定させ、短大生活をスタートさせました。本人も、高校時代につけたちょっぴりの自信を胸に、希望いっぱいの入学だったと思います。ですが、ここにきてまた不安定になることが起こりました。同級生からのいじめです。

短大生にもなって?! 話を聞いたときには、耳を疑いました。九十分間の講義中、ずっと椅子を蹴ってくる、聞こえるように笑いものにする等々。まったく子どもじみた行為が入学直後から始まり、彼女は、みるみるうちに元気がなくなり意欲がなくなっていくのが目に見えてわかるようになりました。加えて、単位履修などの手続き作業、初めて取り組む実技など順序だてて物事をすすめることが苦手な彼女にとって、毎日が必死だったと思います。学年があがると、実習が始まり、二つ目の実習が終わると私たち親子は、短大の学部長に呼び出されました。そこで、ショックな話を聞くことになりました。要約すると、実習先で物にならなかったということ、評価がつけられないということでした。実習先には彼女の特性、何が苦手でどんなことをフォローしてもらえれば助かるかを伝えたつもりでした。考え方が甘かったと痛感させられる出来事でした。いままでは『学校』というある意味守られた世界でなんとか周囲に支えられ乗り越えてこられたことも、『社会』に出ると、「生産性」を求められます。それと「一般社会常識」も。親の立場からなら、「もっと丁寧に彼女の特性を考慮した説明があれば、ちゃんとできたのに」と思いますが、社会人としての立場で彼女を見るならば、「ほかの実習生にはできることができない。そんな人間にこの仕事は任せられない」と考えてしまいます。外からは、この障がいは、わかりにくく、ぼんやりさぼっているように見えてしまいます。「ちゃんと、聞いてた？」、「メモ取らないのに覚えられるの？」、「どう指導したらいいか、わかりません」などなど……。言いたいことは、わかります。親でもイライラするほど、聞いてないように見えたり、「なんで？」と思うことが山ほどありますから。

実習から帰ると、寝る間も惜しんで当日の課題をこなし次の日も、早く家を出る。そんな中、体調を崩して薬を飲んで行ったら実習中に居眠りしてしまった。どこかに気持ちの甘えがでてしまったのでしょう。結局、最終の実習を修了することなく途中で実習中止になりました。もちろん、卒業と同時に取得できるはずの資格も得ることができませんでした。彼女は、努力してなかったのでしょうか？　そんなことはなかったと思います。たぶん方向性の違う努力だったのでしょう（親としては、よく頑張ったねと褒めてあげたいのですが……）。彼女に足りなかったのは、「社会に出て働くことの心構え」と「将来どんな生き方がしたいか（明確な目標）」だったのではないかと結論付け、学習室でのアドバイスを考慮し、現在は、週に一日仕事をしながら、必要な資格を取得するために通信制短大に通い、仕事の段取りを身に着けるために、家事の一部をしています。効果は……どうでしょうか。

毎日のように就職した友人と携帯で話している姿は、とても楽しそうにみえます。あいかわらず、考えられないような失敗をやらかしていますが、まわりの方々の広い心で接していただいているおかげで、少しずつ「社会の常識（？）」らしきものがわかってきたようにみえます。この先、何度も挫折したり、そこまでできなくても物事がうまくいかないことはいっぱい出てくると思います。先が見えなくて不安になってイライラしている姿もみることが最近多くなってきましたから……。それも、回りが見えるようになってきたからなのかなと。

そろそろ、親が何かしてあげられることは、学校時代とくらべるととても少なくなってきました。いつ、どのタイミングで、手をはなしていくのか……。今、我が家にとって特に重要な課題の一つですが、なかなかむずかしいです。

こればかりは、やってみないとわかりませんが、親子ともゆっくり見極めてゆくつもりです。先はものすごく長いですから。

Tの五年生までを振り返って

保護者（母）

はじめに、これまでの小学校での歩みについて記します。

一年生……支援学級（自閉・情緒学級）に在籍する。国語、算数は支援学級であとは交流学級で学ぶ（数カ月、週一時間、通級担当の先生から平仮名を学ぶ）。

二年生……「交流学級に行きたくない」。行っても荒れるため、一日支援学級で学ぶ。

三年生……一日支援学級で過ごす。理科は、学習する。テストも受ける（テストでは、教えてもらいながら自力で文字を書く。または、テスト用紙の中から文字を探し書く。ときには先生に書いてもらう）。折り紙飛行機にハマり、毎日折って飛ばす。欠席も目立ち始める。

四年生……四月から五月、欠席が多くなり、五月中旬から不登校生活に入る。学校との話し合いの結果、不登校対応として通級担当の先生との時間を週一時間お願いし可能になる（六～七月から）。学習ではなく、机の上で工作等をするようになる。
※二年生から四年生まで、発達支援センターに読み書きについて詳しい先生がおられ、窪島先生とも繋がりがあり、情報共有してくださっていた。

五年生……放課後登校を開始、欠席した日は年間十日ほど（後半は、先生との時間を心待ちにしている様子）。
　　畑、運動、鬼ごっこなどTのしたいことをしてくださる。

幼稚園時代は、多動、多弁が目立ちましたが、チャレンジ精神旺盛でなんでもやってみたいという子でした。加配もついてもらい、支援も手厚くうまく行っているように思っていましたが、数唱が教えても教えてもうまくいかず疑問に思い、発達支援センターに相談すると「大阪ＬＤセンターに行かれてはどうか？」との返答で、問い合わせをすると一年待ちの状態でしたが申し込みをし、約一年後、年長のときに検査を受けることができました。しかし、なかなか検査の部屋に入ろうとせず、その日は検査を受けずに帰りました（言語聴覚士の判断によるもの）。二回目で検査を終え、その結果「ＬＤの予備軍であることは間違いない」とのことでした。

キッズカレッジとの出会い

その後、年長の後半にキッズカレッジのことを知り、検査を受け重度の読み書き障害＋算数障害であることがわかりました（このときも、二回検査を受けに行っています）。小学校一年生の六月から学習室に通っています。このときは「早期に取り組めばなんとかなるだろう」と呑気なことを思っていましたが、現実は甘くないことを小学校生活で思い知らされることになりました。一年生の終わりには、平仮名の三分の二近くは読めていましたが、そのときは頭に入っても時間が経つとザルのように抜け落ちていく現実を知ることになります。そして、小学校の支援学級の先生といえども、こちらが思い描く支援とはほど遠く、落胆の連続と共に一生懸命してくださることに対して、感謝の気持ちでした。二年生で再度検査を受けることになり、その結果を支援学級の担任に見せると、自閉・情緒学級から知的クラスへの在籍変更申請をするように言われ、キッズカレッジでは「知的ではない」と言われていたので、とても戸惑いビックリしたことを思い出します。その後に、医師によっては境界域の知的も知的障害と扱うことがあることを知りました。

その頃、行き渋りも毎日になり、キッズの先生からは、今は無理をさせない方が良い、そうすると高学年からは行けるかもしれないと言われました。また、学校に行ってからも本人が帰りたいと言えば、迎えに行く。もしくは、Tが待てない状態であれば、一人で帰らせてもらうことなどいろいろなアドバイスをいただきました。振り返ってみて、学校に行かせないという判断をそのときにはできませんでしたが、決断をすべきであったと思います。

学年が上がるにつれ、支援学級で一日過ごすにしても、あとから入って来た一年生、二年生がどんどん読めて書けることができるようになっていく姿を、Tが見て、どれだけ心を擦り減らし、傷ついてきたのかと思うと、思い出しても心苦しくなります。その結果、表情が険しく、人に対して不信感、拒否感、警戒心が強くなっていきました。医療機関を受診しても、基本、医師に話すこと、医師に応じることもなくなり、医師からは「環境調整が大切だ」と言われました。発達支援センターから学校へ伝えてもらっても、文字環境が当たり前な学校でそのことを理解し、行動に移してくださること（支援学級の部屋を文字環境ではなく、Tがわかりやすい、写真、絵などで示す部屋に作り変えるなど）はなく、その年は休み休みながらで終わっていくことになりました。

何度も何度も校長先生や関係ある先生たちとの話し合いや発達支援センターで相談し、あの手この手でお願いをしました。結果、うまくいかないを繰り返し、日々は過ぎて行きました。重度の読み書き障害に対してての支援スキルは支援学級の先生は持っておられない。そう思い、通級の先生の指導が受けられないかと懇願しましたが、「枠が違うからできない」と返答を頂き、ときには数カ月は週一時間、支援学級の担任に指導するという形で平仮名指導を受けることもできましたが、継続的には不可能でした。そして、四年生途中からは不登校への対応策として可能になりました。しかし、そのときには、Tの学ぶ意欲はなくなっていました。私の思いとしては、小学校に入るまでにいろいろな検査を受け、お金も時間も掛け、Tにも無理をさせて検査を受けさせて来たのに、その結果が何事に対しても反映されず、憤りを感じていました。

通っている小学校には通級があり、一番読み書きのことをご存知である先生がおられるのに、その指導を受けられない。また、支援学級の担任が、通級担当の先生に相談されている様子も見られず、ひどい先生は、漢字を学習したことがないにもかかわらず、赤ペンで書いてその上から鉛筆でなぞらせたり、短い文章で、「を」、「お」、「は」、「わ」、「え」、「へ」の使い分けを練習するプリントをさせてみたりと……。Tにとっての支援、教育とは程遠いものでありました。

先生たちの連携のなさにどうしたらよいのかわかりませんでした。私からのお願いやいろいろなことを伝えても変わらず、発達支援センターの先生からの指導も結果的にはうまくいかなかったように感じます。窪島先生からは、「Tに応じた学びの場所がない」と……。

四年生五月の後半には、発達支援センターの先生の勧めで、「学校に行かない」、「行かせない」ことを決断し、不登校生活に入りました。その中で、毎日途方に暮れる日々で、T自身の心が荒れ狂った波のように押し寄せては引いていく、そんな毎日で、学校に行かなければ平穏になるのかと思っていたのですが、そうではなく荒れ狂っているのをひたすら見守る、もしくはその姿に疲れ怒る毎日でした。そのときに、作業療法士の先生との出会いがあり、現在も継続しています。

五年生になって、いろいろ学んでおられる先生が覚悟を決めて腹をくくって担任になってくださり、始業式前日に家に来てくださって、Tに対して「無理やり学校においでって言わないし、先生はTちゃんの好きなことをしたい。生き物や野菜を作るとか……。Tちゃんと相談してやっていきたい。毎日十分でも顔が見たいと思っている。それと、Tちゃんが勉強したいって思ってると思うし、もし、やってみたいってなったら方法はある。まずは、以前花畑だったところを土から作りたいので、力仕事やし、一緒にしてほしい。先生も年やからさ」と話してくださり、Tの心にとても響いたように思います。表情は、硬い表情から少し柔らかくなり、涙が出そうなうるうるした目をしていました。

その次の日から放課後登校が始まりました。本当に、この先生のおかげで、荒れ狂っていた心が穏やかになっていきました。ときには荒波の日もあり、その荒波の日には、「Tちゃん、そんな日もあるよ」と温かい心で包んでくださり、学校に行っても先生のことを先生と呼ばない、無視、もしくは、「なあ……」と言っていたのが、○○先生と呼ぶようになり、少しずつ少しずつ変化が起こりはじめました。誰に対しても警戒心が強く、常に外では戦闘態勢で睨んでいた日々が、知っている人に対しては、にこやかに挨拶したり、雑談ができるようになりました。

キッズに通いだして、一年目から三年目の頃は、学習室に行っても一向に取り組まないことに対して私の心は、帰り道は不機嫌感満載。そしてTは、学習室が終わったので不機嫌から上機嫌へ。またそれを見て、私の心は腹立たしさでいっぱいになるという繰り返しでした（キッズカレッジでは、「しないこと」はOKなのです）。あのときは、Tのしんどさや辛さ悔しさ何もかもが受け入れられない日々でした。キッズカレッジの先生から私が教えてもらってもうまくできない日々でさらに、自分を責める日々が続いていました。

ここに書ききれないこと、書けないことなど本当にたくさんあります。何度も、児童養護施設に預けたい、ときにはもういない方がいいと母親であるにもかかわらず正直思ったことがあります。一度や二度ではありません。Tをどう育てたら良いのかわからない日々でした。人が嫌なことを知っているのに、あえてしてみたり、三～四年生では教室の入口の窓を割ったり、職員出入口を蹴って窓ガラスにひびがいったり、友達が作ったものを知っていて壊したり。心が穏やかなときには、人に対して気遣いや思いやり、やさしさがいっぱいあるのに……。

五年生の支援学級の担任の先生、作業療法士の先生たちのTとのやりとりを見せてもらって、キッズカレッジの先生方の姿勢がようやく私にも理解することができました。あるがままに受け入れ、肯定することの大切さ、それが心の根っこの部分にある安心、自尊心、自己肯定感へ繋がっていく。そして、その上でしか学べないことを……。

最近のキッズカレッジでは、九九の練習やキーボード操作の練習を始めました。今までとは違い、椅子にすぐ座り、窪島先生の話を聴き考えています。以前、窪島先生が「安心、自尊心が高まれば、やりようはある」とおっしゃっていたのですが、そのときが来たのかな？と思っています。

まだまだTの歩みは続きます。これからの時代、私が生きてきた時代とは全く違う時代になりますので、Tの可能性、才能、力を信じ、見守っていきたいと思います。キッズカレッジの先生方には、いつもお世話になりありがとうございます。窪島先生から「小学校と連携してやって行きたい」とお声を掛けていただき感謝しています。今まで相談したときには必ずどういう方向にいけば良いのか助言をいただいたり、私とTを支えてくださっています。必要なときに必要な対応策をしてくださることに感謝です。キッズカレッジは、Tにとって一筋の光です。

正直、キーボードの入力操作ができるのだろうかと、不安に思っていましたが、不安に思う必要はなく、練習を重ねていくうちに十分可能性が見えてきました。あれだけ五十音も全くわかっていなかったのに、あ行、か行、さ行……打ち込んで行く姿を見て、嬉しく思います。まだまだ、練習が必要だと思いますが、時間を掛けてやって行きたいと思います。今後とも、ご指導よろしくおねがいします。

※(注) ローマ字入力によるひらがな学習の方法について(キッズカレッジ)

平均的知的理解力がありながらもひらがなの習得が十分でなく、ローマ字はまだ未習という子どものローマ字キーボード入力によるひらがな打ちの方法で、少しだけ特別な方法です。ポイントは次の点です。

ローマ字入力であること。ひらがなを打つこと。アルファベットを知っていることを前提にしないこと(アルファベットを知らないでも打てる)。アルファベットを覚えることが目標ではなく、ひらがなを打つためのキーボードの位置を視覚的に覚える。ある程度のアルファベットの知識は必要ですが、アルファベットを教える指導はあえてしない。

まずはじめに、キーボードのA(あ)、I(い)、U(う)、E(え)、O(お)の位置を覚える。これを十分できたら次に、この前にKをつけて打つ。つまり、K+A(か)、K+I(き)、という具合で進める。このときも、アルファベットを覚えることではなく、キーの位置を覚えることが肝心です。そのため、ア行からワ行のキーボード表を十枚用意しました。ひらがなを全部覚えていなくても大丈夫ですが、学習への意欲がなければこの方法は使えません。それゆえ、誰にでも使える方法ではありません。低学年児には早すぎます。

パソコン、タブレット、IT、デイジーなど万能であるような言い方がよくされますが、違います。前提となる力、発達の準備性が子どもの中に育っているかどうかを、慎重に見極めることが重要で不可欠です。読み書き障害についてよく理解している専門家のアドバイスを受けながら利用してください。また、すでにアルファベットを十分によく知っている子どもにはこの方法は必要ありません。普通のアルファベット入力のやり方で十分です。

当事者の声

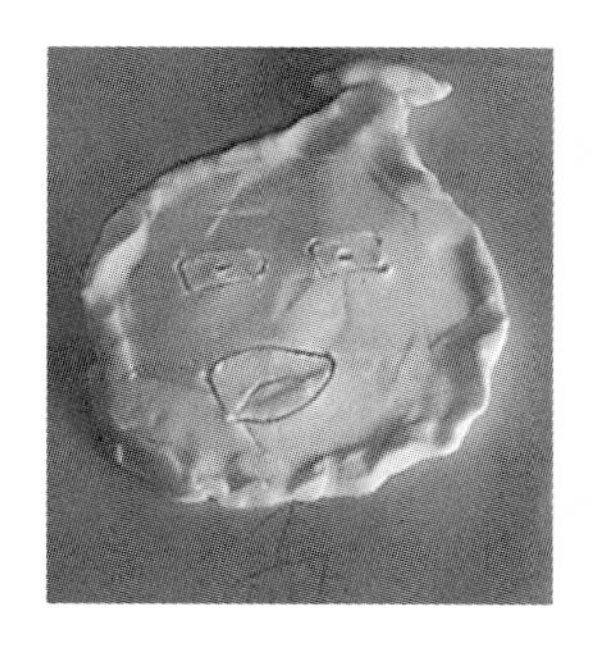

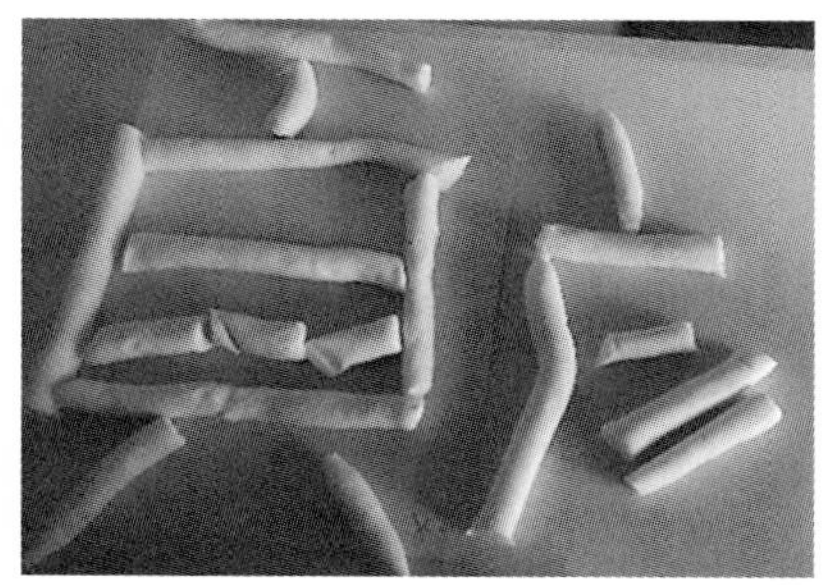

もう大丈夫

保護者&当事者

大人になってから学習障害がわかったとき、わたしは精神的にだいぶまいっていて、電車が通り過ぎたり、雨が降ったりするのが怖くて外出しにくいような状態でした。

子どもの頃から文字は読めても書けなかったり、エスカレーターやジャングルジム、ドッジボールが怖かったり、いろいろ苦労したのですが、自分なりに工夫して、大人になるまでにはどれもこれもできるようにはなっていたのに。自分でもなんでこんなにしんどいことばかりなのかさっぱりわかりませんでした。

キッズのメソッドは、わたしにとっては魔法みたいに感じました。はじめに漢字の表を見せてもらったら、その中の文字が「動いた」ように感じました。その文字の意味を粘土で作って、次の朝、起きたら目に映る文字という文字が動いて見えて、かわりに電車や雨は平気になっていました。

新聞の文字が動いて見えるので、凝視するとピョンピョン飛んで、空中回転し「おかえりなさい」というイメージができてきたのには本当に仰天しました。わたしが考えたことが、目に見えるように映っただけなのでしょうが。「しっかり見る」と、かえって読めなくなるし、「何度も書く」と、余計頭のなかのイメージはぐちゃぐちゃになるのがわかりました。おかげで目に映ったものや、自分のイメージでは混乱しなくなったので、なんとか子育てや仕事をすることができるようになりました。でも、そのときの「おかえりなさい」のイメージは怖かったです。そこに帰ったら字が読めなくなると直感して、そのあと生活や育児が大変だったのもあり、封印しました。

その後十五年間、つい最近まで、「わたしは字が読めないこともある」ということを本当の意味では納得できませんでした。字が読めなくなるのは恐怖でした。でもあまりにも精神的にずっとしんどくて、体も病気がちで。

思い切ってリラックスして、できないことは一切しないようにしました。そしたら物心ついて以来、経験したことないほど穏やかな気分で、不安や怒りが消えました。

案の定、文字は読めなくなったし、ことばで考えるのもちょっとしんどかったりしました。子どもの頃は読めるけど書けなかったのに、今は書く方が手の動きで覚えているので大丈夫です。見てもわからないものを手の動きで覚えたんだと、よくがんばったなと思いますが、それ以上にもっとがんばったことがあって。すぐにイライラしたり、多動だったりしたのは、わたしがずっと定型の人と同じようになろうと思って、障害があるからできないのに、無理にやろうと無意識に自分を傷つけていたからで、わたしはどんなにグレているように見えるときでも、さぼっているように見えるときでも、ずっとずっとがんばっていたんだと気がつきました。

わたしは、本当はすごく頑張り屋さんで、他の人にやさしくしたいと願っているし、人の役にも立ちたい気持ちもあるし、好奇心旺盛で、ずっと考え続ける力のある、我慢強くて、穏やかで、素敵な人間なんだとわかりました。それを押しつぶさないと読めないのなら、読み書きなんかどうでもいいです。わたしはこの素敵なわたしのままでいたい、やっと本当の自分に戻ってこれたと思いました。

そのあと、まただいたいは読めるようになりました。でも、ふつうの人と同じことをするのに時間がかかるときもあるし、どうしてもできないこともあります。それでも、わたしはわたしを壊してまで、ふつうにならなくてもいいです。

人間関係も、人の気持ちなんか考えなくてもいいんだとわかって、ほっとしました。わたしはもともと人にはやさしいのだから、ほっといて大丈夫なんです。

精神的に安定して薬はいらなくなり、踊っている人を見て一緒にダンスが踊れるようになりました。今までできなかったのが、二次障害だったなんて。きっともっと良くなると思うけど、よくなろうとは思わないようにしています。ほっといても勝手によくなってくれるので。そういうふうにみんなできているから。

子どもたちのことも、本当に素敵な子どもたちに思えてきて、なんの不安もなくなりました。うちには小学校から中学校の間、キッズカレッジに六年ほど通っていた息子と、ちょっとタイプの違う発達障害の娘がいるのですが、ふたりとも、「できるようになりたい」「がんばりたい」気持ちの強いやさしい子です。娘のことはずっとわがままだと思っていたけど、本当はとても人の気持ちに敏感な子で、わたしはひどい誤解をしていました。

息子はもう大学生、娘は高校生で、どちらも自分で考える力があるから、わたしは、「あなたはあなたのままでいいよ」と言うことと、学費を渡す以外もう何もすることがありません。息子はよりによって小学校の教員養成課程なんかに進学してしまい、あんなに学校が嫌いで不登校だったのにと心配になりますが、キッズに通ったことは忘れないだろうし大丈夫です。

娘は、このぶんだと高校を卒業するのに何年かかるかわからない感じですが、ゆっくり一〇代を楽しんでくれればと願っています。わたしも子どもたちも、このままで大丈夫。ほんとうに大丈夫と思えるようになりました。

キッズカレッジにはこれ以上ないほど、お世話になりました。窪島先生やスタッフの先生はもちろん、他のお母さんやお父さん、キッズで育った子どもたちにも、たくさん気づきや勇気をいただきました。ありがとうございます。

キッズの子どもたちは、うちの子もですが、みんないい子ばかりで、この子たちの本当の良いところが出せれば、なにか素晴らしいことがおきるかもと夢を見そうになります。でも、そんな先のことはあんまり気にせずに、一日また一日、楽しい日々を重ねていきたいです。

不登校と学習障害を乗り越えて

キッズカレッジ卒業生

小学生・中学生のとき

これまでで小学校のときが一番しんどかったです。勉強ができないことで、今でいういじめがありました。すぐに学校にいけなくなって、家で過ごしていました。お母さんから後で聞くと、友達の声を聴くとおびえていたそうです。

二年になって別室で過ごすことになりました。授業をしている教室には入れませんでした。三年生で、クラスに行き始めましたが、一～二年生で学校に行けず、勉強できなかったので、「学校に行っていないからできないんだな」と思っていました。

字がなかなか覚えられなかったので、読み書きの授業はほとんどわかりませんでした。読み書き以外は楽しくできていました。

中学のときは、人が怖いし勉強が怖かったです。学校が怖かった。中学を卒業して、卒業アルバムを見て、こんなことをしていたのかというぐらい。

高校は、授業を受けなければ卒業できないことがわかっていたから出席しました。授業に出ないで卒業できるのなら出なかったと思います。

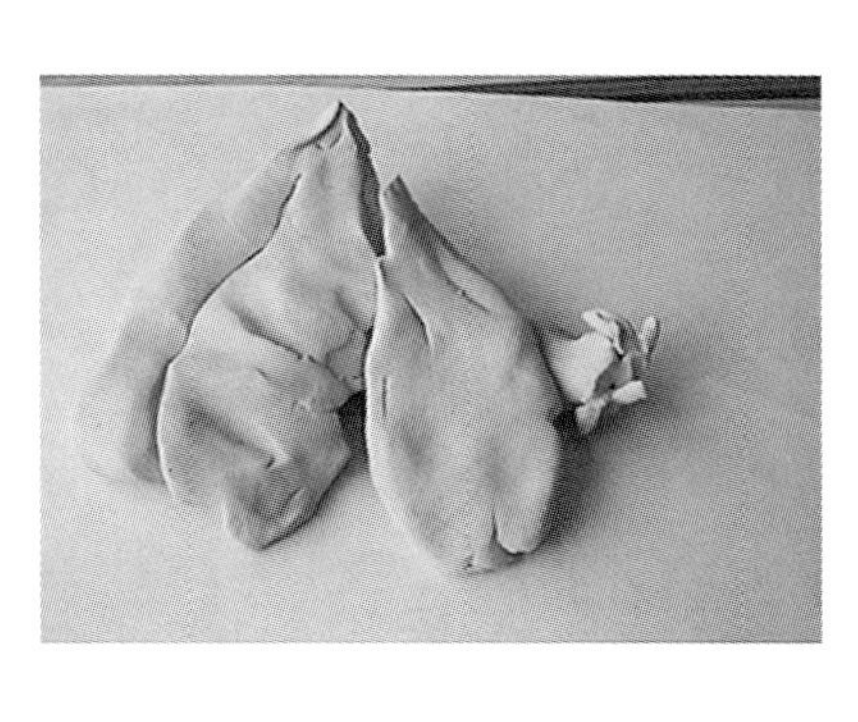

キッズカレッジに来て

四年生で、キッズカレッジで初めて検査を受けて、読み書き障害があるということがわかりました。学習障害だとわかったとき、最初はショックだったけど、納得はできました。

それで、五年生からキッズカレッジ学習室に来て、自分に合った勉強の仕方を先生と探していきました。

漢字とかその日のテーマを粘土で作ったり、漢字のパズルとか、ゲーム感覚で、漢字の勉強の仕方を学んでいきました。

中学生のときは、いろいろな勉強は漫画で覚えました。一番勉強したのは、漫画を読むことで、そのあとで教科書を読むと、教科書だけでするよりも関係づけができてよく分かりました。漫画からも学べることに気づきました。教科書だけでない、自分に合った勉強の仕方が探せたら勉強ができると思いました。

中学を卒業して県立の通信制の高校に行き、宿題、レポート作成をヘタリアの漫画で関係するところを見てから教科書を見るという自分にわかりやすい方法で勉強をしました。高校では、最初はどこまで勉強できるかわ

からなかったので……。

次の学年から、このぐらいならとれるかと、とれる教科を先生と相談して八年かけて卒業する計画を決めました。

入学のとき、はじめは八年で卒業する目標でしたが、やってみて、うまくいけば七年で、一年早く卒業できそうだった。でも、介護施設でバイトを始めて、最初は調理の仕事でしたが、そのとき、社長さんが、「ヘルパーの現場の方が向いているからヘルパーの資格を取らないか」と言われて、ヘルパーの資格を取ることになりました。学校の宿題とヘルパーの勉強の両立はできなくて、自分の中で学校はあと一年あるから、これから必要になるものに優先順位を決めて、先にヘルパーの資格を取り、計画通り八年で卒業し、就職もしました。

今働いている介護施設はそのときの施設とは違います。今働いている介護施設で、介護福祉士の資格を取るために、去年一年間、自分のできる学習方法で学習し、今年資格を取ることができました。一生懸命勉強しました。福祉士の勉強は教科書の過去問をお母さんに借りて見て、これはだめだと気がついて、スマホで福祉士の試験問題の解き方を勉強しました。必ずしも教科書でしなければならないことはないと考えて、スマホで勉強できればそれでいいのかな、と。

読めるようになったと気がついたのは？

漫画は、字だけでなくて、絵があるからストーリーがわかる。好きなものは何回も読む。一一〇回以上読んで何が書いてあるかわかるようになる。一回目は絵だけ見る、三回、四回目で字を読むというやり方です。しなければならないことが、高校ぐらいからできるようになりました。高校のレポートの期限、一回目の期限と二回目の期限がある、最終期限には徹夜して仕上げるなどした。自分のなかでのやる気の切り替えができるようになりました。

人が怖いのは施設では？

施設には、同じぐらいの年の人がいなかったから大丈夫だった。知らない人は怖いので、新しい人が入所してくるときはイヤだと言って避けて、どうしてもしなければならないときは、やるしかないと覚悟を決める。高校ぐらいからできるようになった。中学までは義務教育だから行かなくても卒業はできるが、高校は授業に出て試験に受からないと卒業できない。

今の仕事は楽しい。高齢の入所者の「戦時中は困難だったよ」とか、昔の話を聞くのは楽しい。

字を書くとき工夫していること

字を書くことが苦手だということは今でもあります。仕事では入所者さんの記録は決まった書式でパソコンで書くので大丈夫。体験入所だと記録の書き方は決まっていなくて、「こんなことがありました」というのは自分で書かないといけない。それで、先にスマホで文章を打ち込んで確認し、それを記録ノートに書く。面倒なことをしながら書いている。今のところ、仕事に支障はない。書くのに一度文章を作って確認してから書くので時間はかかるが、注意されることはないので、できているのかなと。

上司には、読み書き障害があると伝えてある。スマホの持ち歩きを許可してもらっている。一緒に遊びに行く人には言っているが、全部の人には言っていない。理解されないこともあるので。今のまわりの人は理解がある。

スマホはいつから？

私たちの子どもの時代は、みんなスマホはまだそれほど持っていなかった。携帯は小学校から。中学の頃、携帯で小説を書いたりしていた。スマホは高校四年生ぐらいから。

仕事でのストレスは？

愚痴を言ったり遊びに行ったりしてストレスをためないようにしている。今の職場は職員同士の関係はよい。ストレスがたまる環境ではない。入所者さんがイライラしていると、こちらもイライラしたりすることはあるが、介護の大変さは苦ではない。好きな仕事なので、今のところストレスはありません。

学校に行けなかったとき、家族はどう接してくれていたか

行きたくなかったら行かなくていいよ、という感じだった。小・中は義務教育なので、行かなくても卒業できるので。覚悟を決めるのは高校から。キッズのスタンスと同じ。

今後の目標について

今は、自分のおばあちゃんをディズニーランドにつれていくという目標がある。そのためにお金をためている。

いま、学校の先生にいいたいこと

押しつけないでほしい。授業を早くしないでほしい。

（「講演とトーク」記録。二〇一九年七月二一日、滋賀大学教育学部二五番教室にて）

※「講演とトーク」は、キッズカレッジが一〇年ほど前から毎年春と秋の二回、発達障害のある子どもの保護者及び教育関係者向けに開催している講演会で、主にキッズカレッジの保護者にお話をしていただいています。ときには、高等学校や特別支援学校の先生に登場していただくこともあります。二〇一九年の春には、キッズカレッジ学習室の卒業生で、スタッフ研修会でも話をしていただいたこともあるYさんにお願いしました。キッズカレッジ学習室でも一〇年以上の付き合いがあり、その後も時々話を聞く機会がありました。今回はオープンな「講演とトーク」という一般向けの会で話をしていただき、その記録を本書の編集委員会の責任で文字に起こしました。大変貴重な内容なので、本人の了解を得て本書に掲載しました。

（編集委員会より）

Yさんが教えてくれたこと

学習障害は検査をしないとわからない

以前は、ＷＩＳＣ-Ⅲの言語性と動作性のＩＱに大きなズレがあれば、ＬＤだというようなことが通説でした。いまでもそう思っている専門家がいるかもしれません。学会の通説が間違っていることがあるということをはじめに教えてくれたのがＹさん。ＷＩＳＣの結果では知的理解は全くの普通の範囲。動作性ＩＱと言語性ＩＱの間にアンバランスは全くありませんでした。けれども、読み書きの困難は非常に大きい。軽くない学習障害があることは明らかでした。それから、キッズカレッジでは常に通説を疑うようになり、自分たちで研究をし、欧米の読み書き障害の研究から直接学ぶようになったという経過があります。そうしたことが、今日のキッズカレッジの研究と指導のスタイルを形作っています。

キッズ学習室の子どもたちは、二回大きく変わる時期がある

一回目は小学校高学年から中学にかけて、二回目は高校生の時期。そしてさらに。

キッズカレッジ学習室の「安心と自尊心」「自己認識」に基づく長期の指導があることを前提にしているので、一般論としての発達論ではありません。そして、その変化は大まかに予測することが可能であり、事実、多くの場合その予測は再現します。教育的指導を通して実現する教育学的エビデンスがここにあると考えています。

保護者の話では、社会人になってから「もう一回大きな飛躍がある」ということです。そういうこともあるかも、という問題意識を持って現在研究を始めているところです。

ＳＫＣキッズカレッジ学習室

スタッフの声

子どもとのかかわりの中で

学校からキッズをとらえる

吉岡　のぞみ

ひろとは、一年生。知的学級に入学した、入学前の一二月。両親とともに小学校を訪れたひろとは元気いっぱいだった。初めて入る小学校の教室に興味津々。自分から、いろいろなおもちゃを見つけ、遊んだ。過度に緊張する様子もなく、両親とも離れ、初めて出会う教師とも積極的に関わり、コミュニケーションを図ろうとする。ただ、発音がはっきりしないため、慣れていない者は、彼の言葉を少し聞き取りづらかった。園では、自分の思いをうまく言葉にして伝えにくいこと、伝えても伝わりづらいこともあり、時々友だちとのトラブルも起こる。新しいこと・新しい場面にもあまり抵抗なく行動できるが、箸はまだうまく使えないということで手先の不器用さもうかがわれた。文字への興味や関心について母に尋ねると、自分の名前を読めているのか、いないのか、はっきりしない程度ということだった。これまで鉛筆を持ってぐるぐると「落書き」をして遊ぶようなことはあるが、あえて文字を教えるようなことはしてこなかったということだった。

入学式前日、「明日から、がんばってお勉強しようね……」というと、その瞬間、ひろとは「え～」と下を向いてしまった。きっとこれまで、無理に学習を強いられた経験はないが、「なんとなく嫌な感じ」は抱いているのだろう。

それでも、次の瞬間、またいつもの調子を取り戻し、元気に「さよなら」をし、翌日、元気に「先生！おはよう！」と登校できた。学校に通うこと自体は、とても楽しみにしてくれているのだろうと感じられた。

「また、あしたするわ」

知的学級では、個々の子どもの発達の状況に応じて、個別の学習目標・学習計画を立てる。通常学級で学習するのと同じペースで学習を積み上げていくことは難しいし、それが求められているわけでもない。けれど、文字があふれる学校生活の中で、せめて自分の名前が書けたり、読めたり、そこまではいかなくても、書かれた文字の羅列が自分の名前だとわかると便利であることが多い。これまで、子どもたちが入学したら、可能なら、自分の名前が書けるようになってほしいと願い、取り組んできた。けれど、入学してすぐは鉛筆を持つことさえままならない子どももいる。ひろとは、鉛筆は持てるのだろうか。自分の名前の文字の羅列を、自分の名前としてどの程度理解しているのか。今のひろとが、今後長く続く学習のどのくらいの段階にいるのか確かめてみることが必要だった。

初日、ひろとはやる気満々だった。一年生が最初に取り組むことの多い「線つなぎ」のプリントを出してみた。紙の両端に同じマークが書かれていて、その間の道を通って線を描く練習。鉛筆の持ち方を伝えなくても、ひろとは自分から鉛筆を持ち、どんどん線を引いていく。筆圧がとても強い。次は、くねくねと曲がった線の練習。こちらもあまり苦労はしない。急いでいるわけでもないと思うが、まだスピードのコントロールが難しいのか、途中で鉛筆が道からはみ出してしまう。〝はみ出さないように行ってみてね〞と声をかけると、ひろとは、はみ出したところに戻り、元の線を消すこともなく、そのまま二本目の線を書く。「はい！」

と完成させて、すぐ次に。次の道もはみ出すが、そんなことは気にしていない。どんどん進んで、二枚目も五分もかからず終えたところで、「つかれた」「あとは、あしたする〜」と、鉛筆を置いて教室の後ろの積み木スペースにさっさと遊びにいってしまった。ひろとの力で書き続けていると疲れるのも分かるが、その勢いのよさに、〝え!? おわり!? そんな勝手に「終わり」にされても……〟と思わず戸惑ってしまった。そして、ひろとの「あとは、あしたする〜」という言葉にどう返答するか、一瞬の出来事だったが、とても迷わされた。

学習が嫌になったとき、「もう、いや」「もう、しない」「まだ、しなきゃいけないの?」などと言って、苛立ったり、泣いたり、怒ったりする子どもが多い。そして、「じゃ、続きは明日ね」という言葉を出すのは教師であることの方が多いように思う。そもそも、学校で子ども自身に学習量を決められる場面は少ない。それは、決して意地悪ではなく、子どもに理解させたい、できるようになってほしいという教師の強い(強すぎる)願いが、提示する学習量に結びつく。一日で何かができるようになるとは決して思っていないが、貴重な一日一日を大切にしたい、無駄にしたくないという思いが、ときに子どもにとっては、負担となる量になってしまうこともある。そして、教師の中には、子どもが「いやだ」といったとき、この「いや」がずっと続いて学習に取り組めなくなったら……という不安も起こる。中には、そんな甘えたことを言わせてはいけないと考える教師もいるかもしれない。個々の子どもの行動に充分に対応できる環境ならまだしも、学校は、あくまで集団で学習する場所だ。一人の子どもが、学習を途中で終えたとき、その子どもに残りの時間をどう過ごさせるか、「途中で学習を終える」という行動が、今きちんと学習できている子どもにも波及してしまったら困るという心配もある。それは、支援学級でも同じである。個々の子どもはみなそれぞれ異なる量・学習に取り組んではいるが、できることなら、授業時間中は学級の全員が着席して、こちらが提示した自分の課題に取り組んでほしいと願ってしまう。「続きは、明日ね」と言えたら、まだいい方だ。「あと少しだから、やってしまおう」とか、「次の時間には仕上げてしまおうね」といって、その日のうちに何とか終わらせてしまうことも少なくない。

「あとは、明日」という教師にはなかなか言えない言葉をさらっと返したひろと。とっさに、〝え〜!〟と反応してしまったが、少し冷静に考えた。「いや!」じゃなくて、「あとは、あした!」。放棄したわけではなく、少し置いておくだけ。課題はやめていいものではなく、すべきものであることは分かっている。分かっているけど、今はできない。そう考えれば、嫌なものでも避けないひろとの力だと考えることもできる。これまでの生活の中で、ひろとは、そうやって「休憩」を入れながら、いろいろなことに向き合ってきたのかもしれない。そして、これまでおそらく順調に行くことばかりではなかったひろとに、苦手なことにも少しずつ向き合えるように手助けをしたり、声をかけたりしながら、一緒に過ごしてきた家族や園の先生など周囲の大人の存在も感じとれた。何よりも、今日が学習の一歩目。無理をさせる必要もない。〝じゃあ、また明日してね〟と言い、残りの時間を積み木遊びに充てた。

翌日、母によると、ひろとは今日は何の勉強をするのかと朝から楽しみにしていたという。そして、昨日残したプリントに機嫌よく取り組んだ。

名前を書こう

ひろとは、長い時間集中することができない。鉛筆も、長い時間持っていると疲れてしまう。多くの子どもがそうだと思うが、学習するより、遊んでいたい。担任の顔を見ると、まず「遊んでいい？」と尋ねてくる（残念ながら、学校では、ひろとがそう尋ねる時間にかぎって、「遊べない」時間であることが多い）。だからといって、文字に全く興味がないわけでも、学習が嫌いなわけでもなかった。促すと、席について、そのあとは何も言わずとも、筆箱を出して、鉛筆を用意する。「積極的に」ではないかもしれないが、学習をしなければならないことは分かっている。

ひろとに、名字の最初の文字である、「は」を見せ、〝これなんていう字か知ってる？〟と尋ねると、「はるたひろと！」と答えた。「る」も「た」も、他の文字も「はるたひろと！」だ。自分の名前の文字の羅列を一つの記号として捉えているが、まだ一文字に一音ずつが割り振られていることには気づいていない。プリントの端にある括弧や四角には名前を記入することは知っているようで、机の上の名札を見ながら名前を書こうとはするが、思うように鉛筆が進まない。白い紙の上で、どの方向に鉛筆を走らせればいいのか分かりにくい様子だった。

若干迷いつつも、やはり名前の文字の練習から始めることにした。学校では、「つ」や「し」など画数の少ない文字から学習を始めることが多い。そして、その文字がつく言葉集めをする。言葉を唱えつつ、手で拍を取るなどして、文字と音の対応を確実なものにしていくように考えられている。ひろとの名前は、画数が多かったり、「る」や「ろ」など、言葉集めがしにくい文字もあったりする。けれど、今のひろとにとっては、名前がいちばん身近な文字であり、ひろと自身には名前を書きたい思いもある。それに、「ひろと」と書いたり、読んだりできるようになれば、学校生活でも過ごしやすくなる場面も増えることだろう。

支援学級の子どもたちは、自分にあった学び方で学べる時間が認められている。けれど、その学び方がどういったものであるか見つけることは、容易なことでもない。いろいろな方法を試し、子どもたちの反応や学習の積み上がり具合を判断しながら、見つけたり、修正したりの繰り返しである。それでも、「これが、ベスト！」と実感できたような記憶はあまりない。仮によい方法が見つけられたとしても、一コマの授業時間中に、子どもたちそれぞれの学び方を同時進行させなければいけないことも多く、見つけたとおりの方法を子どもたちに確実に提供できていないと感じることも多い。ひろとには、どんな学び方が合っているのだろう。

まずは、ひろとの「ひ」。線つなぎの様子から、点線をなぞることはできそうだったので、一年生用の平仮名学習用のプリントを渡してみた。「あ、はるたひろと！」と言って、ひろとは鉛筆を取り出し、書こうとする。やる気は十分。点線の上をなぞってはいるが、曲がったり、止まったりが難しい。多くの一年生の学習にとって一般的な文字の大きさは、今のひろとにとっては、小さすぎる。まだ、こまめに鉛筆を動かせないのだ。翌日、A三サイズの紙に、「ひ」が五こ書かれたプリントを渡す。ひろとは、一瞬「おっきい！」とびっくりした様子だったが、書いてみると「これ、大きくて、書きやすいわ……」とつぶやいた。腕全体を動かして、大きく書くほうが今のひろとには合っている。ひろとは、「こんなん、かんたん！」と言って、どんどん書いていった。

ひろとの文字の学習は、まず特大の文字から始めて、少しずつ小さくしていく。白紙に、薄い文字を書き、その上をなぞる。文字の形を覚えることが大事なので、升目も必要ない。一文字一音の原則にまだ気づいていないひろとには、言葉集めは難しい。紙半分には、その文字がつく言葉の絵を貼り付けた。いつになるか分からないが、一文字一音の原則に気づきにつながるように、絵の下にその音の数だけ、シールを貼り付けるようにした。絵を見て、それが何か言い当てられることは多く、シールを貼ることにもあまり苦労はしなかった。けれど、それらの言葉がそのすぐ横に自分が書いた文字・音で始まっていることには、全く気づいていない様子だった。シールを使ったのは、手を休ませる時間を確保する意図もあった。

「らくがき」いっぱい

ひろとは、嫌がることもなく、こつこつと学習に取り組んだ。けれど、彼自身の幼さもあるのだろうか、多くの一年生とは少し異なる姿も多かった。

ひとつずつできたことを確かめながら進めるほうが集中しやすいのではと考え、ひろとが一つ文字を書くたびに、花丸を入れるようにした。ひろとが座っている反対側から花丸をすると、時々花びらの始まりと終わりの間が空いてしまう。ひろとはその隙間が気になるらしく、「ここ、空いている」と、もう一枚花びらを付け足すように求める。こちらに求めるくらいならまだよいが、自ら鉛筆で花びらを書き足す。とくに形よく書けたときには、花丸に茎と葉をつけ足した。よりよい文字の形を意識したり、形や丁寧さに注意して書いたりすることを促すために、小学校ではよく見られる丸つけの方法である。ひろとは、茎つきの花丸を見ると、「ねっこもかかなあかん！」と葉の下に鉛筆で地面の線を描き、その下に根っこをつなげ、横に広げた。その間、文字の練習はストップし、彼が書き足す根っこは、時々、次の文字にも重なっていく。それが一回で終わるのかと思えば、うまく文字が書けて、茎・葉つきの花丸をもらうたびに、ひろとは毎回喜んで根っこをつける。そろそろ学習に慣れた頃かと思い、一つずつの文字に丸をつけず、一区切りつくところまで続けさせてみようと考え、何もせず見守ろうとすると、一つずつ書くたびに「丸して」と注文がつく。そろそろ次の段階にと思い、三重丸くらいで止めると、ひろとは三重丸の周りに鉛筆で不揃いな丸をいっぱい書いて、自ら花びらをつける。よい字が書けて、花丸に茎と葉がつくと、またまた根っこを描く……。ひろとが学習を終えると、プリントは真っ黒。せっかく書けた「よい形の文字」がどんな文字だったのかも、よく分からない。けれど、そのプリントをみると、とにかくその時間、一生懸命に取り組んだことは感じ取れるし、ひろとも満足している。

学校では、多くの場合、たとえば、文字を学習するプリントの場合、そこに文字以外のものを書くことをあまりよいこととしない。その学習に求められていること以外のものは、「らくがき」と捉えられる。一年生は緊張感もあって「らくがき」をすることは少ないが、今後のために、学校では早い時期から「プリントへのらくがきはやめましょう」と教える。見方によれば、ひろとのプリントは、「らくがきだらけ」だ。一教師として、この「らくがき」をどこまで許すのか迷う瞬間もあった。けれど、上級生の子どもたちを見ても、今のひろとのように、「書くこと」を単純に楽しめる時期が延々と続くわけではない。学習や手紙など、書くべきことがあるときだけ、「書く」子どももいる。そのうち、成長に伴って、「書く」ことに飽きる時期も来るだろうし、その頃に学校で必要とされる学習のルールを伝えればよいかと考えた。そして、ひろとの「らくがき」はさらにパワーアップすることになる。

ひろとは、迷路が大好きだ。文字のプリントが終わると、いつも迷路をして遊ぶ。その影響もあるのか、ある時期から、ひろとはプリントをもらうとすぐに、文字や枠や絵の隙間を縫って、「みち（道）～」といいながら、鉛筆で線を走らすようになった。当然、うまく隙間を縫えることもあれば、文字や絵に重なってしまうこともある。日によっては、文字の練習を始める前に、すでにプリントは「らくがき」だらけ。〝字の上を通ると、あとでどこを書いたらいいのか分からなくなるよ〟と声をかけると、その瞬間は「わかったぁ」というが、次の瞬間には、線が絵や文字の上を通り過ぎていく。筆箱に入った名前ペンに興味を持つと、今度はそれで線を書く。次には、担任が使っていた蛍光ペンに興味を持ち、毎日借りるのを楽しみにして、それで線や文字を書く。最初の線つなぎ以降、ひろとが書いた文字を消しゴムで消して書き直すということもあまりしてこなかったので、それで学習が楽しくなるならと、思い切ってひろとが気に入った蛍光ペンとサインペンを三色ほど用意して、渡した。すると、彼は、「ここは〜色」「あ、やっぱりこっちで先に書こう」と、あれこれペンを変えながら、文字や線を書いていく。途中で、間違えたり、失敗したりした文字や線は、上から書き直したり、線をつけたしたりした。表だけで足りなくなると、裏にも線は続く。ひろとのプリントは、よりカラフルな仕上がりになり、日によっては、何の文字を学習したのか分かりにくいくらいだった。今思えば、この頃から、あまり手の疲れを訴えなくなったように思う。

ひとつの文字にひとつの音

一年生の平仮名の学習は、一日に一文字ずつ学習が進む。学習も後半になると、一日二文字。言葉集めをする中で習った文字に繰り返し触れることはできるが、それ以外に既習の文字を「復習」している時間の余裕はない。一学期の間にすべての平仮名、小さい「つ」や「や・ゆ・よ」の学習も終え、夏休みに入るころには、絵日記を書くことになる。入学したときに多くの平仮名を読めるようになっている子どももいるが、もちろんそうでない子どももいる。そうでない子どもたちにとっては、厳しいペースだと思えることも多い。ひろとの場合も同じだ。特に最初は、一文字を習得するための期間として一週間くらいの見通しをもって、学習を進めた。次第に、ひろとは、机に貼られた名札のシールを見ながら、名前が書けるようになった。習得の程度を確かめるために、プリントを裏返して、名前を書いてみるように促した。ひろとは「こんなんかんたん！」と言いながら、それでも線の方向や文字の形に迷いながら、何度も名札と自分の文字を確かめながら、名前を書き写していた。学校では、子どもたちに文字や文を書かせる際に、マス目や線を用意することが多い。特別支援教育的な観点から、高学年でもプリントにますや線を入れることを助言されることも多い。もちろん、その方が書きやすい子どももいるが、今のひろとはそうではない。文字の大きさや書いていく方向がまだ定まっていない。書くたびに変わる。自分でも今から書こうとする文字がどの程度の大きさで完成するのか、分かっていない。あらかじめその大きさや向きを指定されてしまうと、文字を書くことそのものに集中できない。大きな白い紙に、自由に、自分が書こうとする文字の形だけに集中して書く方が簡単なのだ。ときには、自分の気に入る文字が書き上がらないこともある。そのときは、同じ文字をもう一つ書き、「こっちはなしで、こっち」と片方の文字に大きく×印を入れて採用する字を指定する。平仮名の学習を始め、一カ月ほど経った日、一生懸命に名前を書き写した後、ひろとは満足げに文字を眺め、文字を一つずつ指で押さえながら、「は・る・の・ひ・ろ・と！」と読み上げた。一つの文字に一つの音が割り当てられていることが分かったことが確かめられた瞬間だった。

それから後は、プリントの名前欄に自分で名前を書き込むように促した。すると、ひろとは名前欄の大きさを確かめると、くるんとプリントを裏返して白い面を出して「こっちに書くわ！」と大きく名前を書き始める。相変わらず、書いた文字が気に入らないときは、もう一つ書く。完成した名前は「はるのひろろろと」。そして、「これとこれとはなし、こっち！」と×を入れながら説明を加える。書いたままの文字を読み上げると、自分の名前の音の変化を楽しみ、嬉しそうに自らも文字を押さえながら読みあげて楽しむ。そんな学習の始まりがしばらく続いた後、いつの間にか、ひろとは「大丈夫！」といって、机の名札を自分からプリントで隠して、お手本を見なくても名前が書けるようになった。ある日、名前欄が小さいと思い、〝いつもみたいに裏に書いていいよ〟と声をかけた。すると、「大丈夫！」といって、欄の大きさに合わせて字の大きさを調整して名前を書き込み、満足そうに「ほら、できたで」と笑顔を見せた。ひろとの中では、毎日毎日少しずつの積み上げが確実にあるのだと思うが、こちら側からみていると、〝次はこの姿が目標だな〟と感じていることが、いつも突然にできるようになるような印象を持つことが多い。

ひろとは、その後も順調に学習を続けている。文字への興味もますます育ってきている。時々、文字によく似ているが、文字ではない文字を書いて、「先生、これなんて読むか知ってる？」と聞いてくれる。〝お、かな？　よ、かな？　あ、かな？……〟と答えつつ、〝これと似てるね？〟と平仮名を書いて見せると「それは、なんて読むの？」と言いながら、自分でも書いてみようとする。家族や友達など、ひろとにとって音の文字の結びつきが分かりやすい文字、形がとりやすい文字など学習の順番を工夫しながら進めている。ただ、ひろとの場合、その順番も通常の順番とは異なる部分が多い。たとえば、「す」「む」「ほ」など「むすび」の入る文字は、一般的に難しい文字と捉えられ、平仮名の学習でも後の方に出てくる。しかし、たまたま、名前の中に「は」が入っていたためか、ひろとは、最後の「むすび」を書くことにあまり苦労しない。実際に、ある日、ひろとは、まだ教えていない「す」を書いて、「これ知ってる？」と尋ねてきた。本人がそれを「す」と認識していたかどうかは確実ではない部分も多いが、〝す〟と答えると「あたりぃ」と返した。せっかく、個々に応じた学習が組める環境にいるのだから、ひろとなりの興味関心を拡げながら、それに可能な限り合わせながら学習を続けていきたいと思う。今でも、ひろとは、時々「これなぁんだ?」と、「珍しい文字」を書いてくれる。最初のころは、〝なにかな〜? ○かな〜? あ、○かな? こんな字もあるけど、これじゃない?……〟とのんびり付き合っていたが、こちらが慌ただしくなってくると、〝なにかな? ○かな? 先に、これやろうか〟とつい急かしてしまう。そんなこちらの余裕のなささを反省する日々である。

「きちんと」vs「大切にしたいこと」

ひろとは、今、文字を書くことや学習することを嫌がってはいない。日によって、集中しづらい日もあるが、「したくない」「しなくてもいい」とは思っていない。むしろ、一旦見通しが持てると、こちらが提示した学習にどんどん取り組んでいく。これまでのように、ずっと見守っていなくても、自分でできそうなところは自力でやってみたり、すぐに丸付けをしてもらわなくても次に進めたりと成長もみえる。これから先、長く続く学習に取り組み、学習を積み上げていくための土台作りができたといえるだろう。入学してからこれまでにひろとが習得した内容も大事であるが、学習の「土台作り」ができたことこそがいちばん大事であるように感じている。というのも、この「土台作り」はすべての子どもにとって大切なことであるが、それがスムーズにいかないことも多いからだ。

学校は、集団で学習・生活をする場である。集団での学習・生活をスムーズに進めるためには、一定の「ルール」が必要である。とくに、一年生の子どもたちには、学習のスタートの時期であるからこそ、鉛筆の持ち方や書く姿勢、間違えたら消しゴムできれいに消して直すことや「らくがき」をしないことなど、それらが「学習の基本」として身につくようにとたくさんの「ルール」が提示されることも多い。それらが不必要なわけではないが、子どもたちの中には、入学後すぐの時期がそれを身に着ける最適な時期ではない子どももいる。学習をしようという思いはあるが、それを守りながら、同時に学習を進めることはまだ難しいのだ。「ルール」を守ることを強いられたり、守ることに一生懸命になり過ぎたりして、学習の意欲を失くしてしまうこともある。ひろとも、「ルールを守ってきちんとすること」を第一に求められていたら、今のような姿が見られるのは、もっと先のことだったかもしれない。学校で一般的である「学習のルール」にあまり縛られず、本人の「書きたい気持ち」「やりたい気持ち」に沿うことが許される環境だったからこそ、嫌にならず、できるようになったことが多かったように思う。たとえば、書き間違えても消さない、書き足しも認める、自分の好きな大きさで書く、（許される範囲で）好きな順番で学習を進めるなど。私自身が「ルール」を教えることの必要性に迷いつつも、ひろとのペースに付き合えたことが大事だったと改めて思う。「書くこと」や「学習すること」が好きにならずとも、嫌でさえなければ、後からルールを教え、調整することが可能である。実際に、最近のひろとは自分の気に入らない字があると、一度消しゴムで消して、書き直している。こちらが、どうしても書き直してほしい文字について訂正を求めると、応じてくれる。学習前の自由な「迷路」もなくなった。その時、その場で「きちんとすること」よりも、もう少し先にどんな姿に成長してほしいかを見据えることで、その場での「きちんと」を求めなくても（後回しにしても）よいこともあるように思う。そして、長い目で見ると、そのことが、子どもの学習する意欲を支えることにつながることもある。

通常学級の中で、また集団で学習する中で、「きちんとすること」を後回しにする「環境」を維持することは決して簡単なことではない。けれど、全体のどこか一部分でも、そんな「環境」が許されれば、より多くの子どもたちがより前向きに学習に取り組めることが増えるのではないかと思う。何よりも、教師自身の気持ちにその「余裕」が必要である。いつも、一〇〇パーセント、「きちんと」ではなく、今「大切にしたいこと」（それは、少し先に「大切にしたい姿」「思い描く姿」であるかもしれないが……）を絞って、それ以外は一旦、脇において、見守る余裕がほしい。自由にやってみるからこそ満足して、ある形（ルール）にはまることが許容できたり、修正を受け入れられたりすることもあるのではないかと思う。ひろとの成長を思い返しながら、教師自身が「余裕」を失ってしまわないように過ごしていきたいと思う。

学校から「キッズ」を捉える……

キッズと学校の「指導」の異なる点について触れてみる。

① 子どもへの指導期間が長期にわたること

キッズでは、長期間にわたって通ってくる子どもが多い。学校では、学級担任が一年ごとに替わることが多い。学校においても、何かしらの困難を抱える子どもたちについては、担任以外の教員も関わりながら、様々な方法で見守りを続けることは多い。ただ、時期ごとに子どもの状況（調子が悪い時期もあれば、良い時期もある）も変わったり、教員の異動もあったりするため、継続して同じような視点、見通しを持ちながら、見守りを続け、対応していくことは容易なことではない。キッズでは、通うべき期間の設定はない。子どもにとって、キッズの継続的な指導が必要でなくなるまで通うことができる。その期間、一定の視点、見通しを持ちながら継続した指導を続けることができる。

② 目標設定の仕方が異なること

キッズの目標は、とても大まかなものである。それぞれの子どもが持つ「困難さ」が容易に改善するものであるとも考えていない。おそらく、子どもたちは、いくつになっても、何年たっても、その「困難さ」を何らかの形で抱えながら過ごしていかなければならないと考えている。個々の細かな違いはあるものの、どの子どもにとっても、「自分自身に向き合いつつ、自分自身の姿を受け入れつつ生活していけること（＝自立）」が最終的な目標である。そして、キッズには、その姿を見届けられる時間的な余裕もあり、日々の姿を将来の姿に照らしながら、指導に生かしていくことができる。

学校でも、必要な子どもたちには、個別の指導計画を作成する。担任が一年ごとに替わることにも関わると思うが、子どもの約半年から一年後の姿を考えながら目標・指導方法を設定することが多い。より効果的な指導を目指すために、目標を数値化して提示する（たとえば、既習漢字の五割が書けるようになる、週一回登校するなど……）ことが求められることもある。その方が、目標が達成できたかどうか分かりやすく、次期の指導の改善につなげやすいという考え方からである。けれど、子どもの困難が大きければ大きいほど、半年くらいで簡単に変化することは難しいことが多いし、子どもの成長の状態を必ずしも数値的に提示できるものだろうかと感じることも多い。学校でも、将来の自立に向けた力を蓄えるという意識がないわけではない。しかし、教科的学習が時間の多くを占めること、指導に中心的に関わる者が（子どもの人生の時間で考えると）短期間で替わること、そのため子どもへの見守りもその期間、その期間で途切れるような状態になってしまうこと、指導の見通しも短期間なものになりがちなことなどから、子どもの「困難」そのものに寄り添ったり、「自立」に向かう一段階としての今を捉えたりしながら目標を立てることが難しいところもある。

③　子どもが「してはいけないこと」が少ないこと

学校には「してはいけないこと」や「しないほうがよいこと」がたくさんある。多くの子どもが様々な習慣を身に着けながら、集団生活を送る場でもあるから、当然である。

けれど、低学年の子どもたちや多動や過敏などの「特性」が強い子ども（時期的により強く出ている子ども）、調子を崩している子どもなどには、それを守り続けることが難しい時期もある。以前、私が担任した子どもの中にも、友だちとけんかをするとしばらくの間物置に入ったり、大人の身長よりも高いロッカーの上に登ったりして時間を過ごす子どもがいた。それらは、彼らが気持ちを回復させるために必要なことでもあった。けれど、物置に入ることも、高いロッカーの上に登ることも、学校では単純に「してもよいこと」とは捉えられない。それが許容されることもある。それは、彼らの普段の生活の様子や他の子どもたちへの影響、担任との関係性や担任のその子どもの成長に向けた見通し、担任以外の周りの教師の見通しなどの要件が複雑に絡んだ中で、判断されるように思う。様々な形での周囲の理解が不可欠である。「しないほうがよいこと」を許容してもらいながら進めていくには、子ども自身にとっても、それを支える担任にとっても、周囲の支え・理解がなければ、結果的にうまくいかない。子どもにとって学校生活を送ることがより厳しいものとなり、場合によっては、「しないほうがよいこと」をしなくても過ごせるように成長しづらくなることもあるだろう。物置に入ったり、ロッカーの上に登ったりすることは、極端な例であるかもしれないが、より日常的な細かい部分にまで「しないほうがよいこと」はたくさんある。たとえば、

「上靴を脱ぐ」「机に登る」、読み書きで考えれば、「消しゴムで消さずに直す」「二度書き、書き足しをする」「平仮名だけで作文を書く」など……。学校では当たり前だが、それを守ることが容易ではない子どもも確実に存在する。

キッズでは、「してはいけないこと」がとても少ない。「学校」ではないから、少なくて済む。「しないほうがよいこと」をせずに過ごしにくい時期にある子どもたちにとっても、より安心して学習に向かいやすくなる。低学年の子どもの中には、学習する机が少し大きいことや体の動きを止めにくいことなど、様々な要素が重なって、机の上に座って学習する子どももいる。自分が苦手な字は、何度も画を書き足して完成させる子どももいる。それでも、学習には真剣に取り組んでいる。むしろそれらの行動を止めようとすると、学習に向かいにくくなることも多い。いずれ時期が来ると、何も注意されなくても椅子に座って机に向かい、淡々と学習を進め、「前は、あそこに登っていたなあ」などと振り返ることまである。よほどのことでない限り、自由に過ごせること（そのたびに注意を受けずに過ごすこと）で子どもたちは安心して学習に向かい、そのことで「しないほうがよいこと」をせずに過ごせるようになる。そんな見通しがあるから、「してはいけないこと」が少なくて済むのである。

私は、学校に勤める前から、キッズにお世話になってきた。学校とキッズの子どもの指導の方法は異なることが多い。学校に勤めることが決まったとき、指導の方法が大きく異なる場所で、学校のやり方で毎日子どもと関わることができるのか、「指導」ができるのか、とても不安に感じたことも記憶している。学校でキッズ流の「指導」を行うことは、多くの場合不可能だと思う。そもそも順調に登校し、学習を進めている子どもたちにとってキッズの指導が必要であるということでもない。

けれど、キッズ流の指導やそこにある子どもの学習や成長についての「見通し」を活かせる場面が、学校にもあるのではないかと思う。全く同じでなくても、教師がその「見通し」を持つことで、教師自身にも気持ちの余裕が生まれ、学習や生活の困難を抱える子どもたちでも、より大きな安心感を得ながら学校生活を送り、学習に取り組んでいけるのではないかと思う。先に紹介したひろとも、その「見通し」や「余裕」の下で、余計な抵抗感を持たずに学習の入り口に立てたひとりであると感じている。

（キッズカレッジ学習室スタッフ）

キッズには、キッズにしかないものがある

近藤　育実

　私はスタッフとして、約十年間キッズカレッジ（以下キッズ）に関わらせてもらいました。今は結婚と出産を機に転居し、別の場所で仕事をしています。キッズから離れて別の仕事に就き、感じることは、「キッズには、キッズにしかないものがある」ということです。キッズの魅力と言えるでしょうか。今回は、元スタッフの私から見たキッズの魅力を二点、述べたいと思います。

　ひとつ目は、目の前にいる子どものことだけを考える時間があるということです。キッズの指導では、子どもが粘土で作品を作っている間、スタッフは黙ってその様子を観察します。観察している間は、「今、目の前にいるこの子が何を考えているのか？何を思って作っているのか？」を考え、そのことだけに集中します。キッズ全体がシーンと静かになる瞬間のこの時間は、子どもにとって「誰にも邪魔されず、自分のペースで考えられる」貴重な時間です。そして、この時間はスタッフである私にとっても貴重な時間であるということに、キッズを離れてから気づきました。

　スタッフをしていたときには気づきませんでしたが、「目の前にいる、この子のことだけを考える時間」を作ることが、どれほど難しいか……。今私がしている仕事も、直接子どもと関わり、話を聞いたり遊んだり

します。ですが、子どもと関わる際に常にいろいろな制約が加わり、そのことを抜きに目の前の子どもと向き合うことはできません。自分の置かれている立場、業務の範囲、学校の要望、保護者の希望、いろいろな周囲の状況を考慮しながら、その中で子どもと関わっています。子どもと関わる際に制約が加わること自体が問題というわけではなく、制約が加わるような関わりの時間しか持てないことが問題だと感じています。

ふたつ目は、子どもの姿に共感してくれる仲間、スタッフがいるということです。キッズで学習障害などの発達障害を持つ子どもたちと関わるようになって、子どもの問題行動の背景には、そうせざるを得ないような理由や、その子なりの悩みがあるということを知りました。また、目の前の子どもの姿だけがすべてではなく、その本質がどこにあるかを考えることの大切さを学びました。そして、このことはキッズのスタッフの中で自然と共有されている考え方です。

最近私が関わったケースに、周囲の子がうるさくて頭痛がするから転校したいという中学生がいました。その子に詳しく話を聞いていくと、休み時間や体育、音楽の時間に頭痛はしない。五教科、特に数学の時間に頭痛がひどいという訴えでした。そこで、数学が苦手なのかと聞くと、小学生のときから算数が嫌いで九九を覚えるのにも時間がかかったこと、今も数学の公式を覚えることが苦手なことを話してくれました。しかし、この子はテストの成績は常に上位で、苦手な数学でも平均点以上とっていました。そのため、周囲には自分の頑張りを理解してもらえず、中学生になってからは今まで以上に頑張っても平均点以上の点数を取ることが難しくなり、徐々につらくなってきたそうです。学校の先生たちは、テストで平均点以上とっているこの子の苦しみが学習にあるとは思いもよらず、周囲の友達との人間関係の悩みと捉えていたようでした。

この子の場合は、「周りの子がうるさい」という訴えの背景に、「一生懸命集中して勉強しようとしているのに、それができなくてしんどい」、「自分の頑張りが認めてもらえなくてつらい」、といった本質的な悩みが隠れていましたが、こういうことはよくあります。そして、キッズのスタッフに、「周りの子がうるさくて頭痛がするから転校したいという子がいる」と話をしたら、おそらく、「どんなときに頭痛がするの？　授業中？」、「相当がんばってるんやね、その子！」と、すぐに頭痛の原因が周囲の子にあるのではないと気づいてもらえたと思います。そして、「そういうことあるよね！　頑張ってるのに認めてもらえてないのはつらいね」と、子どもの姿に共感してもらえたことと思います。しかし、キッズのスタッフ以外には、なかなか共感してもらえないのだと、キッズを離れて知りました……。ただしこれは、今関わっている現場の周囲の人たちが「わるい」というわけではありません。子どもの本質に向き合う時間的余裕がなかったり、そのような視点を学ぶ機会がなかったということだと思います。だからこそ、「キッズは良かった」という話で終わるのではなく、キッズの良さというものを、キッズ以外の場で広げていく必要性（大きく言えば使命感）も感じているところです。

子どもたちと関わっていれば、「この子は今、こういう状態だと思うけれど……それでいいのかな？」、「この問題には、こういう関わり方で大丈夫かな？」と自分自身の見立てや対応について、不安になることがしょっちゅうあります。そのようなときに、目の前の子どもの姿だけでなく、その本質がどこにあるかをキッズのスタッフが一緒になって考え、共有してくれていたことで、安心して、自分自身が子どもと関わることができていたのだと思います。

以上が元スタッフの私から見たキッズの魅力です。前述の二点は、いずれもスタッフとしてキッズに関わっていたときには「当たり前」のことで、それがキッズにしかないものだとは思ってもみませんでした。キッズから離れた今だからこそ気付くことができたのだと思います。そして、この二点がキッズ以外の場所でも「当たり前」になっていけばいいなと感じています。

（元キッズカレッジ相談員）

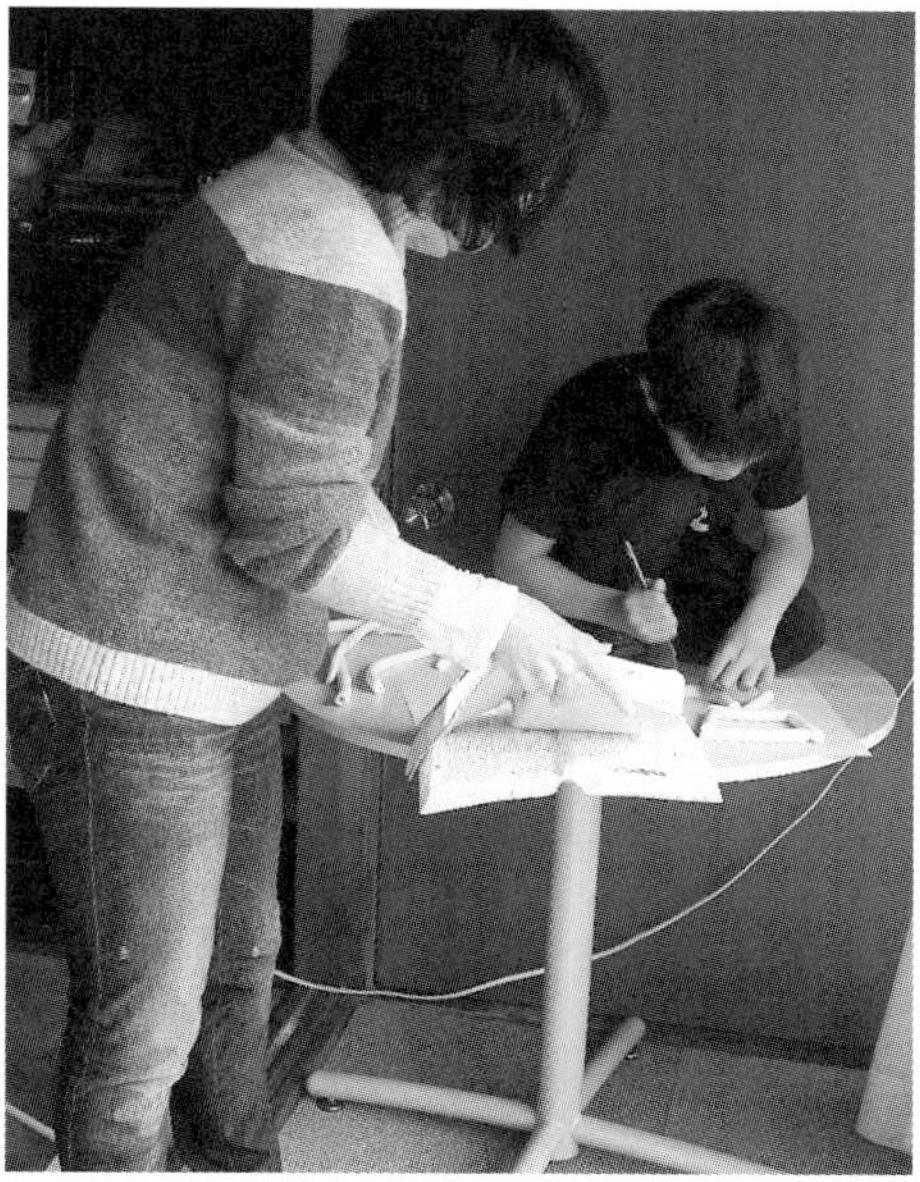

キッズカレッジでのM君の変化

岡田　裕紀子

私が、M君と初めて学習をしたのは、彼が三年生に進級してすぐのことでした。前年の秋から月に一回のペースでキッズカレッジの学習室に来て、音韻意識や読み書きの検査を行いながら粘土を使った学習を約半年経験していました。初めての子どもと向き合うときはとても緊張します。もちろん、子どもはそれ以上に不安を感じ緊張しています。彼は送ってきたお母さんの陰に隠れ、私を見ようとはしませんでした。担当者として初めてM君の記録を読んだとき、学習の困難やしんどさを想像することができました。実際に学習が始まると、彼の音に対する不快感が想像以上に大きいこと、言葉の意味理解の混乱が度々起きていることがわかりました。

初めての課題漢字は「手」でした。二人で漢字辞書の索引で「手」が何ページにあるのかを確かめました。不わたしが「手のところを出して」と言うと、彼はニュッとわたしの目の前に自分の手を差し出しました。不明確な私の言い方が良くなかったと反省しました。不快と感じるのは音だけではなく人の動きもそうで、彼は全方位にアンテナを張り巡らせ「あの声がうるさい」、「誰かが動いてる」などことごとく反応し、強い調子で相手を非難しました。初めての学習のあと、彼は怒った声で「ひとりのところでしたい」と言いました。

ミーティングで「ただ事ではない不快感があるようだ」と伝え、次の学習から彼のために個室を一つ用意することが決まりました。学習が始まる前にそのことを伝えるとなぜか彼は不安気で、「どうしてそうなったのか」と理由を聞きたがりました。要望通りになったにもかかわらず、そのことが新たな不安を生んだようでした。「君が一人でしたいって言ったから、そうしたけど……」と声をひそめて、「これは特別」、「ほかの子にはひみつやから」と言うとまんざらでもないという表情を見せ、納得したようでした。M君は「特別」と「ひみつ」が大好きでした。別室での指導は、その後約一年続きました。

不思議なことに、入るときは「別の入り口」から、学習も「ひとりだけ」なのに、学習が終わって外に出るときには皆がいる大きな教室の中央を堂々と歩いていくのです。学習室に入るまでの不安や緊張はなかったこと！というような堂々とした歩きぶりです。「自分は頑張った」あるいは「できたぞ」という気持ちの表れなのでしょうか。キッズカレッジの一回の指導の中でM君が達成感や満足感を感じたり、それを積み重ねたりすることができたとしたら、それこそがキッズカレッジの基本『安心と自尊心』につながるのではないかと、私自身が実感した出来事でした。しかし彼が『安心と自尊心』を持って大きな変化・飛躍を遂げるまでには、まだまだ大小の波や、ときには大きなうねりを経験しなければなりませんでした。

当時、キッズカレッジの学習は滋賀大学構内の「プレハブ教室」で行われており、駐車場から教室までの道のりは子どもたち、とくに彼にとっては「宝の山」でした。彼は毎回、拾った棒や枝を振り回しながら登場しました。ときにはタケノコを掘り、ときにはカリンに石を投げて実を落とし、学習室にはなかなか入れませんでした。蝉の抜け殻をプレゼントしてくれたこともありました。学習室に入れない理由はいくつかあるのでしょうが、「直させるやろ」というのが大きな理由の一つでした。窪島先生から「キッズは直さない」

と言われると安心して入れるようになりました。彼にとって窪島先生の存在は「特別」と「ひみつ」と同じくらい大きな意味を持ちました。学習室に入らない彼の様子を見ていて、「入らなければならないこと」は分かっているが決心がつかない、終われないのだと思いました。そこで、タイマーを使うことを提案すると「何分？」と乗ってきました。相談して決めた時間は五分。少し離れたところで持ち、「鳴ったよー」と声をかけると、彼は律義に戻ってきて学習室に入ります。まじめな一面が垣間見られる瞬間です。しばらくすると、タイマーを使わなくても入れるようになりました。特別に別の入り口から入ったというのに、わざわざ大きな部屋に行ってスタッフに話しかけ、気が済むと「さあ始めよか」と個室に戻ってくることもありました。学習室に入ったからといって、すぐに学習に向かえるわけではなく、実際に課題に取り組むまでにはかなりの時間が必要でした。毎回、学習の初めに「今日の予定」を確認するのですが、彼は「したくない」とか「なしにして」などと注文を付けます。ここからM君と私の駆け引きが始まります。そんなときに別のスタッフがそばに来ると、彼と私は目配せをして「やってますけど」という様子を作り、そのあと「しーっ」と唇に指を当て二人の「ひみつ」を共有します。予定に「今日のお楽しみ」とか「あそび」と書いて、「書きしりとり」や五目並べ、あみだくじをしました。「書きしりとり」は気に入ったようで何度もしました。言葉はたくさん知っていて、すぐに想起できるのですが文字に書き表すときに混乱することがよく起きました。自分で「今日はこれ！」とオセロを持ってくるようになり、オセロ大会はしばらく続きました。彼は毎回、白か黒かで迷いました。オセロを支えに「早く終わらせよ」と一人でどんどん進めようとすることもありました。学習中は集中が続かず、座っていられる時間は五分程度。体が常に動き、話が止まりません。話題はあちこちに飛び会話はかみ合いませんでした。

キッズカレッジの学習には決まった流れがあり、学習の初めには「リラックス」をします。ところが、彼はこれが嫌いでした。特に手のひらを握ったり、開いたりする動きが苦手で、深呼吸もどうすれば「鼻からいっぱい吸う」ことができるのかがわからないようでした。リラックスをしているのにとても緊張していて、肩も背中も腕もガチガチに固まっていました。本や教科書の「読み」の課題では、彼は黙読をします。「読んだ？」と問うと「読んだで」と答えます。「いつも心の中で読むんや。指で押さえながら読んでる。そのほうが安心する」と教えてくれました。しかし学校では当時の担任は、彼が指で押さえながら読むことを認めてはくれませんでした。キッズカレッジで初めて音読したのは四回目の学習のときで、彼が自分から、「今日は声を出して読もう」と決めたからでした。「聞こえました!!」と言うと照れたような表情を見せました。読み方はたどたどしく、文字をとばしたり、作り替えたりすることがありました。たとえば、「大きい」を「キョダイ」、「むねいっぱい」を「ねむいっぱい」、「このつぎは」を「このあと」、「幼虫」を「ヨウチュウムシ」、「それから　せのびして」を「それから　おおきく　せのびして」など。拗音（キャ　シュ　ニョなど）や促音（つまる音）、長音（のばす音）は読めないことがありました。読むことが本当にしんどいということがよくわかりました。「読み」はしたくないというので、課題から外した時期もありました。

次は粘土です。「今日の課題漢字」では、まず粘土でその言葉のイメージを作ります。M君は粘土でイメージを作ることが得意ではありませんでした。言葉の意味を知らないこともあれば、頭の中にイメージはあるのに思い通りには作れず、似た言葉にすり替わったり、違うものになったりすることが続きました。課題漢字が「親」のときは意味がわからないと言いました。国語辞書で調べると「父・母」とあり、そのとき「母親」という言葉は知っているけれど「父親」は知らないと言いました。「母親は男や」と、もう大混乱です。

「お父さん」「お母さん」は知っているが、それが「父親」や「母親」とは整合しないようでした。「病気」のときは、途中で「病院」に変わってしまい、「今日の課題は何やったかな」とわたしに何度も聞きました。「楽しい」でイメージしたのは「クリスマス」。それがいつの間にか「ケーキ」となり、完成したときには「誕生日」になっていました。意図した言葉の意味からずれたり、外れたりすることはよくあり、彼の中では「教室」と「学校」は同じ意味のようでした。「雪」のときは、細かい粘土をばらまいて「できた」と言いました。わたしが「雪と分かる工夫をして。雨と思う人がいるかもしれないから」というと「雪だるまを作ればいい。」と粘土を丸めようとするのですがうまくいきません。手のどの部位を使って、どんな動きをすれば丸くなるのかがわからないようでした。彼はだんだんとイラつき、不機嫌になっていきます。そんなM君も一年くらいすると、ずいぶんすっきりと分かりやすいイメージを作ることができるようになりました。キッズカレッジでは、子どもが粘土を作っている間は黙って見守ります。子どもを観察する大切な時間です。わたしにとっては、いまだに最も緊張する時間でもあります。

粘土ひもで課題漢字を作るときは、ひもをどれくらいの長さに切るのかで毎回迷いました。作っている途中で、ひもを置く位置や向き、横棒の数などがわからなくなることが度々ありました。漢字がわからないときは辞書で確かめるのですが、彼にとってはめあての漢字を特定するのも大変な作業で、ページを示す三桁、四桁の数字が入れ替わったり、飛んだりしました。「料理」では「りは理科のりや」と言い、続けて「理科を反対にしたら料理になる」と言うので、「ほう、では調べよう」と国語辞書や漢字辞書で二つの文字を見比べるのですが「科」と「料」を明確に見分けることはできませんでした。「地図」のときは「ず」と言いながら「ち」のページを見ていました。このときも「今、何を探してる?」と聞いたり、「もう一回見てみようか」

と言ったりしましたが彼は動きを止めることも見直すこともなく、ただひたすら自分が思うとおりに動きます。そして混乱し、イライラして腹を立てます。毎回同じようなことを繰り返しながらわたしも学習し、彼の動きや言葉をしっかりと止めてから「見て」や「聞いて」と言うようにしました。

M君は「書き順どおりに書きたい」という思いが強く、画数の多い漢字になると途中で「もう、わからへん！」と言ったり、辞書を見ながら「気もち悪‼　気もち悪‼」と言ったりしました。「キッズは書き順にはこだわらない」と何度も伝えるのですが、彼にとってそれは許されることではなく毎回苦労していました。複雑な漢字や画数が多い文字のときには、書き順を大きく示した紙を準備することもありましたが、これも徐々に必要がなくなりました。粘土文字ができると、最後に鉛筆で漢字を二回だけ書きます。M君は書き順と同じくらい「とめ・はね・はらい」を気にしました。彼は、本当は偏と旁のバランスにもこだわりたいのですが、一筆目がどんな角度や長さになるかで文字の形は大きく変わりました。できない自分を責め、進むことも止めることもできずに泣き続けたり、「なぜこんなことをさせるのか、だれが決めたのか」と涙ながらに訴えたりする子どもたちに接する中で、「待つ」ことの難しさやキッズカレッジの「指導しない指導」とはどういうことなのかがわたしにも少しずつわかるようになってきました。それは、学校での実践や経験とは全く異なりました。わたしも混乱しながらM君と向き合っていました。

M君のことが少し分かったような気持ちになっていたわたしの思い上がりを、見事に打ち砕いた出来事があります。キッズの子ども全員の運動バランスの検査をしたときのことです。彼は大変な剣幕で検査の部屋から戻ってきました。顔は紅潮し、体を揺らせながら大きな声と強い口調で「どんなにひどいことをさせられそうになったか」と訴えます。落ち着かせて、よく聞いてみると、「あんな高い台を跳べるわけがない‼」

と言うのです。「高さはどのくらい?」とたずねると、両手で三十センチはあろうかという高さを示しました。「あら、それは大変。怖かったなあ」と言っても怒りは収まらず、「あんなひどいことをさせたらあかん!!」と真顔で訴えました。運動バランス検査は厚さが四〜五ミリで直径三十センチほどの円形のマットを並べてケンパで跳ぶ検査です。厚さが四〜五ミリのマットが三十センチを超える高さと感じたM君の感覚と、「こういうことが、毎日いろいろな場面で起きているのだ」と実感した瞬間でもありました。

最初のリラックスで彼のその日の気分の良し悪(あ)しがわかるようになりました。特に、不調は明確に表れます。表情や声の調子、大きさに注意します。目の動きがはなはだしいときには、特に注意深く様子を観ました。学校での生活や学習の中で、彼が日々感じた不快感や理不尽に対する憤りが学習の記録に毎回書かれています。

・学校で音が気になる。ドアの音、人の声。計算の途中で音がするとわからなくなる。
・学校は行ってるけど嫌。うるさいから。
・九九が覚えられない。夜覚えても朝忘れる。
・足し算と引き算の違いが分からない。
・運動会の練習が嫌。特にダンス。
・体育さぼった。八の字跳び(大縄)ができない。
・算数の問題を読んでも、何がおたずねかわからない。
・友だちはいない。自分は頑張っているのに、先生は頑張っていないと言う。
・学校は「一時間」っていうのに、なんで四十五分なのかわからない。

・ハードルが嫌。いつ跳ぶのかわからない。

などなど、枚挙にいとまがありません。

お互いに慣れてきたことで安心していろいろな話をしてくれるようになりましたが、時系列はむちゃくちゃで「いつ」、「どこで」、「なに」をしたかをうまく話すことはできませんでした。そんなM君のキッズカレッジでの変化を語るうえで、きっかけともいえるいくつかのエピソードを書いてみます。

三年生後半から四年生にかけての学校生活は一層困難を極め、先生への暴言や友だちとのトラブルも見られるようになりました。その原因の一つが運動会でした。運動会は大切な学校行事ですが、運動会も練習も苦手という子どもは少なくありません。彼はダンスの練習が嫌いでした。そもそも、大人数が集められる状態が嫌。ざわざわといろいろな方向から聞こえてくる声や音が嫌。極め付きが音楽。「音楽鳴らしたら、途中で止めんといてほしい」と言います。ダンスの指導では、短く区切りながら振りを覚えていくことは指導する教師の側には当たり前のことですが、彼は途中で音楽が止まること、それを何度も繰り返すことが「許せない」、「嫌なんや」と言いました。「嫌」をもう少し具体的にするために、いくつかの言葉を示してみると「気色悪い」というのが最も近いようでした。担任に伝えてみることも提案しましたが、彼は受け入れませんでした。感覚の不快をどう説明すればわかってもらえるのか、それが受け入れられることなのかどうか自信が持てないようでした。なんとか頑張って練習には参加していましたが不調が続き、学習にも向かいにくくなっていました。反面、そのころのキッズカレッジ学習室では落ち着いた様子を見せていました。

四年生の終わりごろには、特別支援学級で学ぶことについて自分なりの理由づけをして、納得しようとしているようでした。服薬については「薬飲まないとカーッとなったり、暴れたりする。だから薬を飲んでる」

と言いました。自分のことが分かりかけたのかなと思う反面、「なぜみんなと同じではないのか」、「他者からどう見られているのか」を気にする様子が度々見られるようになりました。この頃の彼は巻き舌で話すことがブームで声も大きく、聞く側も疲れるのですが、話す本人はもっと疲れるのではないかと思い、「疲れへんの?」とたずねると「これ、オレの普通やし」とその後もしばらくは巻き舌で話すことが続きました。記録に「本日は東京弁」と書かれた日もありました。彼が不安や怒りを話してくれるたびに「君が嫌な気持ちでいることを、周りの人はわかっているのかなあ」、「嫌なことや困ること、心配なことがあれば話してみればいい」。それは「お父さん　お母さん、学校の先生、もちろんキッズの先生でもいい」と伝え続けました。冬休み前には、担任に「金曜日の宿題（金・土・日分）を出さんといてほしい」と自分で言えたこと、担任はそれを受け入れてくれたことを誇らしげに報告してくれました。五年生になると自分のイライラや腹立ちの理由を説明できるようになってきましたが、その理由は一方的で、「自分は頑張っている」、「悪いのは相手で、自分ではない」というものでした。状態も良いとは言えなかったので、窪島先生と話をする時間を設けました。窪島先生と向き合うと、次々に学校への不満があふれ出ました。

・「休ませて」と言っても休ませてくれない。
・嫌いな人がいっぱいいいる。
・給食の速度、自分は黙って速く食べるように頑張っているのに遅い人がいる。
・「書きながら前を見る」ができない。二つのことをするのが嫌。
・交流学級に行くのが嫌。アルファベットが分からない。
・自分が特別支援学級にいる理由が分からない。これについては、窪島先生から説明を受けましたが「オレは頑張ってコントロールしている」と受け入れませんでした。M君の最大の望みは「難しいことがしたい」、「(みんなと)同じことをしたい」ということでした。感覚過敏や物事へのこだわり、自身のプライド、学習の困難の中で必死に学校生活を送る彼に、キッズカレッジのスタッフは「よく頑張っているなあ」という思いとともに「頑張らなくてもいい」、「休みも有り」と伝えることを忘れませんでした。しかし、それは当時の彼にとって「受け入れがたいこと」でした。

六年生になり担任が変わり、「漢字を注意されるのが嫌」から新しい学校生活が始まりました。友だちとのトラブルも増え、学習室では「何を言われたか」、「何をされたか」を毎回のように話しました。そのたびに「で、あなたは何をしたん?」と私がたずねます。彼は自分がしたことを話してくれるのですが、それはトラブルになるような「言葉」のこともあれば「手を出す」ことであったりもしました。「オレは正しい!!」と自信を持って話すのですが、わたしが「それをやられたら、相手は嫌やと思うよ」と言うと「……そうなん?」と真顔で聞き返してきました。これには、わたしのほうが驚きました。イライラする友達に「キッズでやっている深呼吸を教えてあげた」と言ったこともありました。

七月〇日　学習室に入るとすぐに「テストのことでイライラしている」と伝えてきました。「自分のテストは白黒。みんなはカラーやのに。白黒は嫌。分かりにくい」と言います。「そんなことは直ぐに解決する。大丈夫」と言っても「できるわけがない!」と信用しません。迎えに来られた保護者に彼の思いを伝え、学校に話していただくことになりました。解決すると分かり少し気持ちが楽になったようでした。しかし、不安は次から次へと湧き上がってくる状態で、彼には気の休まる暇がありません。

小学校最後の運動会。五・六年生は組体操をします。まじめな彼は「六年生ともなるとよい加減なことはできない」と毎日練習を頑張っているようでしたが、やっぱりしんどくて学習室に来ても不機嫌な日が続きました。

九月○日　運動会のことで不機嫌。組体操のピラミッドでの自分の位置について不安を話す。「端に行きたい」と言う。学校では図形が分からずイライラする。「半径とか直径とか嫌い」。組体操は自分の行きたい位置を担任に伝えてみるよう提案する。

十月○日　自由行動がしたい。集団行動は嫌。夜中に目が覚める。怖い夢を見ると言う。保護者に寝つきにくく眠りが浅いこと、不安が大きい様子を伝える。組体操のピラミッドの位置は、担任に端にしてほしいと頼んだ。担任は「いいよ」と言ってくれた。端が良い理由を聞くと、三段ピラミッドの図を描いて「一番下の端がいい。力（感じる重さか？）が半分やから」と説明をしてくれました。運動会の練習は相変わらず大嫌いでした。去年までは、どうにも我慢ができないときには勢いよく飛び出していました。今年は「そっと木の陰に行くんや」と教えてくれました。「すごいやん！」とほめると「先生は僕が練習が嫌いなことを知ってるから。ちゃんと話がしてあるの!!」と教えてくれました。「だめでもともと。言ってみればいいよ」という私の言葉も受け入れられるようになり、担任に自分の思いを伝えることができるようになっていました。

三学期になり卒業が近づくとキッズでも中学校の話題が増えてきます。不安はもちろんありますが、それ以上に新しい生活を楽しみにしていました。

「中学校で大切なことは、提出物を必ず期限を守って出すことです」と言うと、「そうなんか？　遅れたらあかんのやな。絶対に出すんやな」と真剣に聞いていました。その後の中学校での三年間、そして高等学校に行ってからも彼はこれを守り続けました。中学一年の終わりごろには落ち着いて過ごせることが増えていましたが、感覚の過敏やこだわりによるトラブルがなくなったわけではありませんでした。いつものように「いややった」、「腹が立つ」と話したあとに、なぜ自分はそんなに腹が立つのだろう「なんでかなあ……」とわたしに問いかけてくるようになりました。わたしに話しながら、彼自身が自分の気持ちを整理しているようでした。なぜ勉強するのか、国語も数学も英語も必要ない、「勉強なんて意味がない」と文句を言っていた彼が学習することに抵抗感がなくなり、定期テストの前には「これがしたい」と学習課題を持ってくるようになりました。あれほど文字の読みや書きが苦痛だった彼が見せてくれた社会科のノートには、ていねいに書かれた小さな文字がびっしりと並んでいました。周りと協調することができず混乱して怒っていた彼と、落ち着いた表情で目の前にいる彼とが同じ人物なのか?と不思議に思うほどの変わりようでした。英語に苦労していたこともあり、キッズカレッジでの学習をこれまでの漢字の指導から英語へと切り替えることになりました。その前に窪島先生から、彼が抱える困難について本人に話をしていただくようにお願いをしました。

五年生の冬には、悪いのは自分ではない、「オレは頑張ってコントロールしている!」と全く受け入れるそぶりもなかった彼が、神妙に窪島先生の話を聞いていました。中学二年生からは英語グループで学習し、進路について考えたり、受験勉強をしたりしました。

高校生活は緊張や不安はありながらも順調にスタートしました。ところが、一学期が終わり、通知表とともに評価のデータが示されると、「単位は取れるのか」、「留年しないだろうか」と一気に不安が募りました。一度不安になると悪い方にしか考えられず、資料のグラフがそれに拍車をかけました。悶々とした夏休みを過ごし、二学期を迎えるとすぐに体育祭などの行事が待っています。授業中に体調が悪くなり保健室に行くことが増えました。そのことでまた「成績が下がらないか」、「単位は取れるのか」と不安が増しました。保護者が窪島先生に相談され、月一回の高校生ミーティングへの参加から、月二回の学習室に参加することになりました。並行して医療受診もしてくださいました。学習室では二年半ぶりに私が担当することになり、一緒に話をして気持ちを整理したり、どうすれば良いかを考えたりしました。受診して医師と話せたことで「今を超えれば楽になる」と思えたようでした。「薬が出たけど、お守りくらいの感じ、と言われた」、「診断書を学校に出したけど、それって意味はあるん?」などと言いながら、その表情は悪くはありませんでした。教育が医療とつながることの大切さについて説明をすると、「へえ、そうなんや」と一度は落ち着くのですが、今度は「提出した診断書は読まれているのか」、「先生たちは正しく理解してくれたのか」と新たな不安が現れました。ご家庭の支えや、学校の支援もあり一カ月後には薬も不要になりました。この間の印象的なやり取りをあげてみます。

Q　：最近も腹を立ててる?

M君：腹は立つ。でも、加速しても減速する。いろんな子がいるって今はわかってる。

Q　：それはどうして?

M君：特別支援学級にいたから。いろんな子を見たから。

Q　：特別支援学級にいたことは君にとってどんな意味がある?

M君：プラスになったと思う。

自分のことを「ぼくは、固いくらいにまじめ」と言う。その固さが「しんどさ」を生むというと「そうやなあ」と笑う。

期末テストは教室で受けた。自分で「進歩!!」と言う。
二学期末に通知表を見せてくれる。結果が良くて明るい表情。
Q　：なんで成績が上がったと思う？
M君：しんどくても頑張ったから。
Q　：次の心配は？
M君：どうすれば成績が維持できるか。
不安が次々に口をついて出ていたころとは、明らかに違う反応。
Q　：三学期の目標は？
M君：休まないこと。

M君は高校一年の九月に初めて学校を休みました。土日も含めて数日のことでしたが、小学校のときからどんなにしんどくても、熱があっても休まなかった彼にとっては大変な出来事でした。「ぼくは小学校も中学校も休まなかった。どんなにしんどくても学校に行ってた」。そう言ったとき、そばで聞いていたスタッフが「えらいなあ」と彼をほめました。彼はすかさず「いや、そうじゃない。休めなかったんや。本当は休んだらよかったのに、ぼくは休めなかった。だから、しんどくなった」。「九月に休んで、休んでも大丈夫ってわかった」と言いました。その後、「しんどかった小学校の頃の自分ってどんな感じやったのかなあ？」と聞いたことがあります。彼は「一生懸命にやってもできへん。なんでかなあ……て思ってた」、「みんなの中に入りたい思いはあったけれど、できなかったときにいろいろ言われるのが嫌で入れなかったなあ。葛藤していた」とにこやかに言いました。

文句言いで、あらゆることに腹を立て、悪いことはすべて人のせいにしていたM君が自分自身を振り返り、客観的に自らをとらえようとしていることに、わたしは感動していました。相変わらず「納得できないことや気色の悪いことはいっぱいある」と言いながら、その解決方法を自分で考えられるようになっていました。たとえば？とたずねると「授業中に腹が痛くなる。前は、すぐに保健室に行った。今は、筆箱に薬があるから大丈夫！て思うようにしてる」。「頑張りすぎると九月みたいになるから気をつけてる」。「心配の種は作らないようにしている。モヤモヤするから」、「嫌なこととかあるとお母さんと話す（メール）。まあ、充電させてもらってるって感じ」。

「新しいことはしんどい」と言いながら年末から年始にかけて初めてアルバイトをしました。家庭や学校とは違う新しい経験をしたことで、また一つ成長したようでした。彼もまた、キッズカレッジの「高校生で二回目の飛躍的な発達的変化がおきる」という予測を自らの手で実現しました。新型コロナ感染が広がり学校が休校の間に彼は自分の将来の夢に向かって動き始めています。この後、彼がどんな青年になっていくのか、とても楽しみにしています。

（キッズカレッジ学習室スタッフ）

キッズカレッジ電話相談から

大山　久美子

キッズカレッジの電話相談を担当しています。ここ数年は、スマートフォンの普及のためか、キッズカレッジのホームページを見て相談の電話をして来られる保護者が増えています。キッズカレッジの電話相談では、お子さんの学校での様子、学習の状況、宿題をするときの様子、友だち関係、小さいときに気になったことなどを聞きます。そのなかで、「教科書の音読の宿題をいやがる」「漢字の間違いが多い」「一画多かったり足りなかったりする」「算数の文章題が苦手」「本を読もうとしない」「かけ算九九がなかなか覚えられない」など、読み書き障害、学習障害の特徴がいくつか見られる場合、キッズカレッジで検査を受けることをお勧めしています。わが子がしんどい思いをしていることに気づいていて、なんとかしてやりたいと必死に専門機関を検索し、それなりの覚悟を決めてキッズカレッジに電話をして来られるわけですが、こういう場合、詳しい検査の結果、読み書きの苦手が発見されます。赤ちゃんのときからずっと成長を見守ってこられた保護者の子どもを見る目には確かなものがあると思います。

小学校入学後まもなく、一年生の一学期のうちに、異変を感じて電話をして来られるケースも少なくありません。「小学校に入ってから急に落ち着きがなくなって、学校に行くのを嫌がるようになりました。学校では、先生からよく注意されているようです。家で宿題をさせようとすると泣いて嫌がります。理由を尋ねても、『いやだ』『しんどい』というばかりです。幼稚園のときは大きなトラブルもなかったし、機嫌よく通っていたのに、どうしたことでしょう」。こういうケースの場合、検査をしてみると、ひらがなの読み書きの段階からつまずいていることが発見されます。本読みをしてもらうと、「ね・ず・み」「な・か・よ・し」というように、一文字ずつは読めていますが、つぶ読みになっています。「ねずみ」「なかよし」というように単語としてとらえて、意味につなげることはできていません。また、ひらがなを書く場合、「ねずみ」「なかよし」のような単語は書けますが、「しょっき」「きょうりゅう」のような特殊音節を含む単語になると間違う場合があります。幼稚園・保育所と小学校との決定的な違いは、文字学習の有無です。幼稚園・保育所では、お話をしっかりと聞いて理解して、上手にお話ができたら大丈夫ですが、小学校では、ひらがなの読み書きでつまずきがあれば、一年生の一学期の学習からしんどくなります。

二、三年生になって、教科書の文章が長く難しくなり、習う漢字も難しくなってから、様々な問題が起こってくるケースもあります。ひらがなや漢字の読みでは大きなつまずきはないのに、漢字を書くことに苦手がある場合もあります。漢字は形が複雑で、一つの漢字にいくつもの読みがある場合があり、意味によって読み方が変わります。漢字を正しく書くことは難しいものです。さらに、よく調べてみると、ひらがなの読み書きにもやや苦手があり、正しく読むことはできても、速く読むことが苦手なタイプもあります。そういう場合、長い文章を読みこなすことを求められるようになると、授業のスピードについていけなくなります。そういう時間内にテストの問題を読んで解答することが難しくなります。そうすると、国語だけではなく他の教科の学習にも影響が出てきます。

「このごろ宿題になかなか取りかからない」、「宿題をやるように言うと、イライラして不機嫌になる」、「勉強をしないからできないのか、何か苦手があるからできないのかを知りたい」というような相談もあります。読み書きが苦手な子どもの多くは、現状ではそのことに気づかれていません。そのため、子どもたちは、「何回も漢字を書いて覚えたつもりなのに、テストになると思い出せなくなる」、「だいたいの形はわかるけれど、『目』だったか『日』だったか……細かいところがわからなくなる」、「頑張ったのにまた悪い点数だった」、「みんなと同じようにしているのに、何で自分にはできないんだろう」。こういう失敗を積み重ねていくうちに、頑張ろうとしていた子どもたちも勉強するのが嫌になってしまいます。それなのに、そういう経緯があったことは見てもらえずに、「努力しないからできないんです。もっと頑張りなさい。」と言われてしまったら、子どもには立つ瀬がありません。

学校生活では、文字の読み書きから逃れることはできませんから、読み書きの苦手がある子どもたちにとって、学校はとてもしんどい場となってしまいます。朝になると、「お腹が痛い」「頭が痛い」と訴える行き渋りが続いたあと、とうとう学校に行かなくなってしまったというケースも少なくありません。

中学校や高校になってから気づかれるケースもあります。勉強も一気に難しくなり、写す板書の量も、課題の量も一段と多くなります。成績も、小学校までとは違って数字ではっきりと評価が出ます。「一」や「二」の評価をもらってショックを受けます。さらに、小学校との違いで大きいのは英語です。英語は、日本で生まれ育った子どもにとっては初めての外国語ですし、英語は読み書きの難しい言語だと言われています。「Wednesday」「science」「eraser」などよく使う基本的な単語でも、日本語のひらがなとは違って、音と文字の対応がわかりにくいため、英語の習い始めに戸惑った経験がある方は多いことと思います。日本語の読み書きではあまり目立たなかった読み書きの苦手が、英語の学習で顕著となることがよくあります。グローバル化の時代に対応できる人材の育成のためと称して、英語教育への期待は以前にも増して強まってきています。今年度（二〇二〇年度）からは、小学校五、六年生でも英語が正式な教科となります。毎週あるいは毎日のように単語テストがあって、間違った単語を何回も練習しなくてはならない、合格点が取れるまで帰してもらえない……読み書きの苦手のある子どもにとって、英語の読み書きは難題なので、学校がつらくなります。

ある中学生の男の子は、中学校一年生の途中から学校に行けなくなりました。心配したおかあさんは、地域の相談センターや、病院の小児科や思春期外来などあちこちに相談してきましたが、はっきりした原因はわかりませんでした。たまたま、キッズカレッジのホームページが目に留まり、電話をして来られました。学習の様子の聞き取りから、読み書き障害の可能性をお伝えしたところ、長い沈黙ののち、「あー、それには気づいてやれなかった……」と嘆くように言われました。早くから積極的に動いてこられたおかあさんです。もちろん、おかあさんには責任はありません。日本の現状では、読み書き障害（学習障害）の専門機関はほとんどないからです。他の保護者でも、電話相談の中で、読み書き障害の可能性をお伝えすると、電話の向こうでホッとしたような反応が感じられることが少なくありません。子どもの異変に気付き、あちこちに相談したり、いろいろ調べたりしても原因がわからなかった苦しい時間に終止符が打たれ、やっと解決の糸口が見つかったという意味での安堵感のようなものではないかと思います。ここにたどり着くまでに、子どもも親も長い長い辛い時間を耐えなくてはならなかったわけですが、こういうしなくてもよい苦労をする子どもたちをなくしていくために、早期発見・早期対応の必要性を痛感しています。

R君 ―幼稚園での読み書き検査―

キッズカレッジでは、読み書き障害の早期発見・早期の取り組みの一環として、協力が得られた一部の幼稚園や保育所での読み書き検査を実施してきました。R君も、幼稚園の年長で実施した読み書きの検査で、読み書き障害の可能性があることがわかりました。幼稚園での様子では、年中の途中くらいまではやや落ち着きがない傾向はありましたが、この年齢の子どもにはよくある程度のもので、幼稚園では特に問題となるようなことはありませんでした。ところが、R君は、年長の秋になっても、ひらがながほとんど読めませんでした。絵本を読もうともしないし、しりとりや反対ことばのようなことば遊びにも参加しようとしません。読み書き検査では、「いぬ」「かえる」のようによく使うことばでも読むことができませんでした。自分の名前をひらがなで書くことはできましたが、名字は書けませんでした。年長児になると、子どもたちは、特に教えられなくても、生活や遊びの中でひらがなを覚えていきます。ひらがなの一文字ずつの読みを覚え、ほとんどの子どもはスラスラと読むことができます。アニメのキャラクターやお店の看板、お友だちの名前など、ひらがなの単語を読むこともできます。ひらがなを書くことは、読むことに比べたら難しいですが、鏡文字になったり上下に逆転したりしながらも、書けるようになったひらがなを使ってお手紙ごっこをするのが年中ごろから盛んになります。そんな中で、R君の状態はかなり心配なものでした。

音韻の検査をしてみると、「『たぬき』の二番目の音は何ですか?」という問題には、正しく答えることはできましたが、答えるのに時間がかかりました。「『たこ』を反対から言うと何になりますか?」という年長児の大半ができるはずの問題はできませんでした。音韻意識に弱さがあることがわかりました。音韻意識は、ひらがな読みの前提となる力だと言われています。ひらがなの読み書きができるためには、その前に話されているることばが一つひとつの音に分かれていることがわからなくてはなりません。音に分解できてはじめて、それぞれの音にひらがなの文字を対応させ、読み書きができるようになります。「りんご」ということばが、「り」「ん」「ご」という三つの音に分かれていることがわかるようになるのは、だいたい四歳くらいからだと言われています。それまでは、一つひとつの音に分かれているとは感じていないようです。「り」「ん」「ご」という三つの音に分解できて、最初の音が「り」で最後の音が「ご」ということがわかるようになると、しりとりができるようになります。「り」「ん」「ご」という三つの音を順番通りに一瞬頭の中に留めておいて、まとめて「りんご」という一つのことばとして理解し、意味につなげます。こうすることでバラバラの文字ではなく、意味のあることばとして読むことができるようになります。音韻意識に弱さがあると、これがスムーズにできなくなります。

R君のおかあさんにこの検査の結果をお伝えしたところ、おかあさんもR君がひらがなを読めないことに気づいていました。このごろの子ども、特に男の子の遊びの主流はゲームです。文字で書いてあるゲームの指示が読めないと、ゲームに参加できません。同年齢の子どもたちとゲームをして遊んでいる様子を見ていたおかあさんは、他の子どもたちはあたりまえのように文字の指示を読んでいるのに、R君だけが自分では読めないので、そっとおかあさんのところにやってきて「ママ、これ何て読むの?」と尋ねに来ることに不安を感じていました。「このままひらがなが読めなかったら、この子がかわいそうだから」と、おかあさんはキッズカレッジで詳しい読み書きの検査を受けることを即座に決断されました。検査の結果、読み書き障害があることが確認され、キッズカレッジの学習室で指導を受けることになりました。小学校の入学式の直後には、両親で学校に出向いて担任の先生に検査の結果を伝え、学校での配慮をお願いしました。文字学習のスタートと同時にキッズカレッジでの指導を開始し、学校での配慮を受けられるようになりました。このときのR君のおかあさんの素早い決断が、R君を救うことになりました。

キッズカレッジの学習室での指導

R君が、小一の最初からキッズカレッジの学習室で指導を受けることができるようになったことは幸運ではありましたが、音韻意識に弱さがあるR君が、ひらがなの読み書きができるようになるまでには時間がかかりました。

子どもは、四歳ごろまでに、話されていることばが一つひとつの音に分かれていることに気づき、生活や遊びの中で自然に音韻意識を身につけていくといわれています。この時期はちょうど物心がつくころでもあり、このころのことを鮮明に覚えている人はそう多くはないでしょう。また、音韻意識に問題のない人たちは、特に苦労することなく自然と身についていくので、音韻意識が弱い状態というものがどういうものなのかわかりません。体験して理解することもできません。音韻意識が弱いとはどういうことか、理解することの難しさはここにあると思います。

音韻意識に弱さがある子どもにとっては、音韻の指導は相当に苦痛を伴うものであるようです。「それはイヤ。したくない」とはっきり言ってくれる子どももいて、そのしんどさをうかがい知ることができます。そのため、音韻指導は、長時間の集中特訓のような指導を無理強いしても効果は上がりにくいし、それどころか音韻指導に対する拒否反応を引き起こすことになり、それ以降の指導が困難になることもあります。たとえば、「きゅうり」と「きょうり」の違いがわからなくて、「どう違うのかわからない！」と泣いて怒り出した子どももいました。

そのため、まずは子どもとの信頼関係をつくり、キッズカレッジの学習室では失敗してもかまわないという安心感を持てるようにすることを大切にしています。方法も、絵カードを使ったゲームやしりとりといった遊びの中で楽しみながらできるものにします。そして、子どもの反応を確かめながら慎重に進めていきます。子どもには、音韻意識のどういうところがしんどいのか、ことばで説明することは難しいでしょう。子どもの反応からその気持ちをくみ取ってやるほかありません。

R君の場合

R君も、小一の一学期には、ひらがなの短い文でもつぶ読みで、読むのがつらそうでした。一学期の終わりでも覚えていないひらがなが少なくなく、五十音表から目当てのひらがなを見つけることもなかなかできませんでした。そのせいか、「目で読むから」、「心で読むから」と言って、音読をしたがらないことも続きました。キッズカレッジでは、そういう場合には無理強いすることはしません。それだけ読み書きがしんどいのだと理解します。音韻の指導を少しずつ続けていく中で、小二の終わりごろには、音読はつぶ読みではなくなりました。

漢字の学習についても、自分の名前の漢字を新出漢字として習ったと誇らしげに報告した二年生の秋ごろから、意欲的に取り組むようになりました。音韻意識に弱さがあるR君にとっては、文字と意味が直結する漢字の方がわかりやすかったのかもしれません。また、ひらがなよりも難しい漢字が書けるようになるということは、R君の自信になったのかもしれません。「『音』は、『立つ』に『日』、『楽』は、『白い』と『木』だ」というように、漢字をパーツに分けて覚えるという方略も自分で工夫して身に付けました。ちょうどこのころから、本読みをするのを嫌がることもなくなり、以前よりも落ち着いて学習に取り組むようになりました。小三になると、読める漢字も増えてきました。興味のある科学マンガを自発的に読むようにもなりました。もちろん、ゲームの指示も読めるようになりました。小四のときに受けた読み書き検査では、ひらがなの読み書きは、スピードはやや遅いものの、正確にできるようになっていました。正しく書ける漢字も増えて、小三の漢字の正答率は四八％でした。

R君は、幸運でした。キッズカレッジの読み書き検査を実施している幼稚園に入園したこと、おかあさんが子どもの様子を丁寧に見ていたこと、「子どものためになる！」と思ったらすぐに決断し、行動できるおかあさんのもとに生まれたこと。さらに、おかあさんによれば、小学校の担任の先生も毎年理解のある先生に恵まれてきたということです。支援計画がうまく活用され、学校でも読み書きの苦手に配慮してもらい、六年生になった今も順調に学校生活を送ることができています。読み書きの苦手があること自体で苦労はしても、しなくてもいい苦労はせずに済みました。

早期発見・早期指導の制度的保障を

しかし、電話相談から見えてくるように、他の多くの読み書きの苦手な子どもたちにとっては、学校生活はとてもつらいものとなってしまっています。R君のように就学の時点で読み書き障害に気づかれるケースはほとんどないのが現状です。多くの子どもたちは、読み書きのしんどさに気づいてもらえないまま、練習が足りないから、努力しないからできないのだと思われています。子ども自身も、みんなと同じように頑張っているつもりなのに、なんで自分はできないのかと自信をなくしてしまいます。読み書きの苦手があること自体がしんどい上に、そのしんどさを周囲にわかってもらえない苦しみも背負うことになってしまっています。

たとえばアメリカやイギリスなどの国のように、読み書き障害の早期発見・早期対応の制度があれば、全国どこの小学校でも就学前に読み書きの検査をして読み書きの苦手な子どもを発見し、文字学習のスタートと同時に専門的な指導が受けられるようになれば、多くの子どもたちが救われるはずです。読み書き障害の発見にたどり着くために、保護者が必死で走り回らなければならないのが現状です。R君のケースが、まれな幸運なケースのままであってはならないと思います。電話相談の電話の向こうの保護者の方々の辛い思い、子どもを思う深い愛情を感じながら、そう思っています。

（キッズカレッジ電話相談スタッフ）

キッズカレッジの発達相談とアセスメント

横江　真理子

キッズカレッジでは、学習室に入る前にすべての方に発達相談を受けてもらいます。ひとことで発達障害や学習障害といっても子どもたちによってその様子はさまざまです。発達相談では保護者の方からの成育歴の聞き取りと子ども自身へのアセスメントを行います。アセスメントでは、子どもたちが困っているところや躓きを示しているところはどこか、また課題に対してどのように取り組むのかなどを個別にじっくり見せてもらい、目の前の子どもを理解するための情報収集をしています。

キッズカレッジのアセスメントの特徴は、どの子どもにも必ず学習検査を行うことです。保護者の方の相談の主訴が不登校や対人関係の苦手さ、落ち着きのなさ等、学習上の主訴がない場合や子ども自身が「勉強は得意」と言っている場合でも学習検査は必須です。不登校や落ち着きのなさの背景に学習の問題が隠れていたり、できているように見えても、子どもなりにかなり無理な努力を重ねているため、すぐに疲れてしまい集中が続かなかったり、ということがあるからです。また、発達障害の中でも対人面や社会面での困難さを抱える自閉症スペクトラム、落ち着きのなさや不注意の課題を抱えるＡＤＨＤは学習障害と併存することが多いとされているからです。

では具体的にどのようなアセスメントを行っているか紹介します。学習検査では主に文字の読み書きの力を中心に、算数はどうか、英語はどうか……など、漢字の読み書き検査、平仮名の読み書き検査、RAN検査（平仮名単語を流暢に読めるかどうか）、音韻検査、算数・計算検査、英単語の読み書き検査、描画検査を行い、子どもの状態をアセスメントで明らかにしていきます。紙面の都合上、すべてを詳細に書くことはできませんが、学習障害の中心的課題である文字の読み書きに関する検査を次に紹介します。

漢字の読み書き検査では相談に来た子どもの当該学年の読み書きの力を見るのではなく、一学年下あるいはそれより下の学年の漢字の読み書きの力をみます。学習障害のある子どもたちは知的発達に遅れはなく理解は年齢相応であるため、現在習っているところは「できたりする」（テストでも点数がとれる）けれど、単元が変わったり、期間が空いたりすると「できなくなっている」ことがあるからです。単元テストでは点数が取れるのに、まとめのテストになると点数が取れない、忘れてしまっているということが起こります。また、学校のテストでは必須とされる消しゴムもキッズカレッジのアセスメント中は子どもには使用させません。アセスメントでは子ども自身の迷いや不安も把握する必要があります。消しゴムを使わないことにより、子どもがどのような間違い方をするのか、試し書きをして思い出す過程がわかりどのように混乱しやすいのか等、子どもを理解するための大きなヒントとなるからです。

日本語には漢字だけでなく平仮名やカタカナもあり、それらを使い分けなければなりません。海外の方から見ると日本人は三つの文字を使いこなしとても器用だといわれることがあります。読み書きの問題は漢字の書字でつまずきを示す子どもが最も多くいるように実感していますが、漢字だけでなく平仮名の読み書きにつまずきを示す子どもたちもいます。キッズカレッジのアセスメントでは、ひらがな単語の読み書きの検査もします。検査者が言った単語を子どもに書いてもらうというシンプルな検査法です。シンプルゆえに子どもの観察がじっくりでき、苦労していることがよくわかります。ある子どもは「ぬ、ぬ、ぬ……さっきまで分かっていたのにー」や「〝れ〟ってこうやっけ?」と「わ」を書いたり、「こうじゃないな、これかな!?」と試行錯誤を繰り返しながら取り組んだりと、ここでも消しゴムを使わず、個別で検査することによって「できる、できない」だけでなく、子どもたちの迷いや不安、苦労やがんばり、努力を見ることができます

平仮名には漢字と異なり、一文字ずつには意味がありません(「て(手)」や「め(目)」などのように一文字でも意味を成す単語もありますが)。一定のスピードをもって読むことで、単語として聞き取ることができます。学習障害のある子どもたちの中には、ひらがな一文字読みはできるけれど、すらすらと流ちょうに読み上げることに困難を示す子どもがいます。それらのつまずきを見落とさないためにRAN検査といって、書かれた平仮名単語をどれだけ速く読み上げることができるかという検査をします。平仮名はかけてもすらすら読むことに困難を示す子どもたちが少なからず存在します。そのような子どもの場合、本を読んでいてもすらすらと読めないため、読んでいても何が書かれているか内容がつかみにくいなどの困難が生じることがあります。

学習障害は文字学習が本格的に始まる一年生以降にならないとわからないのか、という疑問も出てきます。結論を言うとそうではありません。学習障害のリスクは就学前でも「音韻意識」の発達をみれば把握することができます。「音韻意識」とは単語を構成する音韻的要素(音節・モーラ・音素)を意識的に様々に操作する力であり、「文字—音対応」が形成される前提となる力を指します。具体的には、文字を使わず話し言葉だけで「すいか」は「す」と「い」と「か」の三つの音から構成されていることが分かり、「すいか」の二番目

の音が「い」であること、逆さまにいうと「かいす」となるとがわかることが、音韻意識が育っているといえ、ひらがな獲得の前提となっています。この音韻意識は通常の環境において三・四歳ころから自然に身につくものとされています。就学前の子どもの遊びの中で猛獣狩りやしりとりができたり、「あ」の付く言葉を集める、のように言葉集めができるようになったりするのはこの音韻意識が発達していくからです。この音韻意識の発達が未熟な場合ひらがな獲得に困難を示すことが明らかになっているので、就学前の子どもでも音韻検査をすればひらがな読み書きのつまずきのリスクを把握することができます。音韻意識の指導については次の深川が詳しく紹介しています。

文字学習に関わるアセスメントを紹介してきましたが、学習障害は知的発達に遅れがないことが前提とされています。そのため、学習検査だけでなく、全般的な知的能力の状態を知るために知能検査や発達検査を行います。現在のところ、学習障害のある子どもの知的能力を測定できる十分な検査はありませんが、とりあえずウェクスラー式知能検査（ＷＩＳＣ-Ⅳなど）を行っています。この検査は全体の知的能力を知ることができるだけでなく、ある程度の領域別のアンバランスを知ることができます。しかし、このウェクスラー式知能検査だけで学習障害かどうかを判断することはできません。学習障害かどうかを判断するための材料の一つでしかありません。ウェクスラー式知能検査は知的能力を測定する検査ですが、必要に応じて発達全体の力がどれくらいなのかを知ることができる新版Ｋ式発達検査やＫ-ＡＢＣなどの認知検査をあわせて行うこともあります。

キッズカレッジで実施しているアセスメントの一部を紹介してきましたが、相談に来るすべての子どもがすんなりとアセスメントに応じてくれるわけではなりません。漢字をみるなり「絶対やらへん！」と逃走してしまったり、「オレ、こういうのは一〇〇点じゃないと嫌なタイプやねん」と取り組み始めても分からない字があり「最近こういうのやってないから」と机に突っ伏してかたまってしまったり……。「せっかく来てくれたのだからできることはやってほしいな」という気持ちは多少ありますが、これまでそれだけしんどい思いをしてきたのだなぁ、とその状態をそのまま受け止めるようにしています。アセスメントでは、検査などを行って子どもの客観的情報を集めるだけでなく、学習の困難に対して子ども自身がどう感じているか、どのような方略をとっているかなど、子どもの主体に着目し、子どもがどう取り組むかを知ることも大切にしています。ここにもキッズカレッジのアセスメントの特徴があります。

相談に来てくれる子どもたちの中にはこれまでの経験から学習ややらされることへの拒否感が強い子どももいます。「一〇〇点じゃないと嫌」と検査を拒否する子は「一〇〇点以外はだめ」というまじめさからくるものだと思われます。生真面目すぎるがゆえに完璧を求め、しんどくなる子どもたちもいます。発達障害のある子どもたちの本来の姿は「まじめでやさしくがんばりやさん」です。ただしこれまでの経験でそれが見えづらくなっている子どもたちもいます。キッズカレッジでは子ども本来の姿が前面（全面）に出てくるよう、子どもと保護者の方の立場に立って、一緒に協力し取り組んでいきたいと思っています。

（ＳＫＣキッズカレッジ事務局長）

ひらがなの読み書きの指導に大切なこと

――音韻意識の発達と指導――

深川　美也子

はじめに

ＳＫＣキッズカレッジに相談に来られる多くの場合、主訴は「文字の読み書きができない」ことにあります。就学前の幼児、低学年の子どもたちの抱える問題は「ひらがな」です。

通常、大半の子どもたちは、特段大人たちから教わらなくてもいつのまにか読めるようになっている、子ども自身が興味を持ちいつのまにか獲得している……それが「ひらがな」です。ですから、我が子が文字に関心を示さなかったり、全く覚えられなかったりする姿を見ると、親御さんの心配は大きく膨らみます。関心を示さない子どもに無理矢理教え込もうとしてもなかなか思うようにはいかないものです。

「ひらがな」の読み書きに関する全国規模の調査（一九八八年）では、清音、撥音、濁音、半濁音の七一文字の範囲で読字率が九〇％を超える月齢が五歳一〇カ月という結果でした。入学前の段階ですでに九割以上の子どもたちが「ひらがな」の一文字読みができるようになっているのです。ただ、一文字読みができても本がスラスラ読めるとはいえないのが、また重要な点ですが……。

小学校以降の教育機関では、入学時には約九割の子どもたちが読めている「ひらがな」について、次は、きれいに美しく整った文字を書けるようにすることが課題となります。ですから、基本的には、「おなおし」をさせながらより正しい形を覚えさせることに指導の重点が置かれることになります。

そうした状況で、まだ「ひらがな」の読みすら未習得な子どもたちはどうなるのでしょうか？

エネルギーのある子どもは「できない」ことを自己主張します。鉛筆を折ったり、プリントやノートを破いたり、静かに座って授業を受けることなどできません。

絵本を読んでもらうことは大好きでも、自分ではまだ読めない……そんな子は、だんだん本から遠ざかってしまいます。大人は、「もう読めるでしょ」と読み聞かせをだんだんしなくなってしまうからです。いつのまにか本嫌いになってしまいます。

おとなしい子は、書けないなりにもなんとか頑張ってまねっこして書きます。幼いながらに「ひらがなが覚えられないボクがあほやねん」と言う子もいました。でも、やっと書いた文字には赤ペンが入り、おなおしになり、何度も何度も書かされることになります。この繰り返しで文字は覚えられるようになるのでしょうか？　逆に、どんどん書くことが嫌になり、学校も嫌になってしまいます。ある子は鉛筆を持つことすら拒否するようになりました。そして「赤ペンならいいよ、だってもうおなおしされないでしょ」と言いました。

国語でよく宿題に出される音読は、「ひらがな」が読めないとつらいものです。でも、一生懸命親も子も頑張ります。その結果、いつのまにか暗記して、みんなと一緒にスラスラ読んでいるように見えます。「やっと、ひらがなが読めるようになった」と勘違いされてしまいます。本当は、まだ読めなくて、あるいはたどたどしい読み方しかできなくて、意味の理解まで届かないのに、読解や算数の文章題など次から次へとひらがなが押し寄せます。「もう読めるようになった」と思われていると助けてもらえなくて大変です。

ひらがな習得の前提としての「音韻意識」

「ひらがな」の習得に関して、「なんでこんな簡単なことができないの?」と言われることがあります。それは、多くの人たちがあえて苦労することなく獲得してきたからだともいえるでしょう。「ひらがな」習得の前提条件の一つであり、読みとの関係が深いと言われる「音韻意識」の発達は、通常では四歳前後頃から発達し、特別な指導やかかわりがなくても普通の自然な成長の中で獲得できる能力だと言われるものです。SKCキッズカレッジが以前保育所で「音韻意識」に関する調査をしたとき(SKCキッズカレッジは研究機関でもあります)、三歳児クラスでは「くるま、音はいくつかな?」という課題では「ブッブー」など、車の音で応じる子どもたちがほとんどでしたが、四歳児クラスでは同様の質問に「く・る・ま、音は三つ?」と答える子が増え、五歳児クラスでは「三!」と即答する子がほとんどでした。「音韻意識」の発達は、言葉を構成する一つ一つの音に着目してその音を分解したり、取り出したり、除いたり、逆にしたりすることができるようになることです。そうして、あさがお(/asagao/)の「あ(a)」も、アリ(ari)の「あ(a)」も、あゆみ(ayumi)ちゃんの「あ(a)」も、どれもみんな同じ「あ(a)」の音だということがわかり、「/a/」という音が一つの記号である文字「あ」とつながる規則性がわかっていくのです。

先行研究から、言葉のはじめの音を取り出せるようになったら、ひらがな一文字読みができるようになると言われています。それほど「音韻意識」の発達と「ひらがな」の読みは関係が深いものです。しかし、この「音韻意識」についての理解は、教育関係者ですら十分ではありません。二〇一八年、筆者が研修会（保・幼・小・中・高の教員対象）で「音韻意識」の話をさせてもらったとき一〇〇人以上の先生方が集まっておられましたが、その九割ほどの先生方が「音韻意識」についてご存じではありませんでした。三〇人ほどおられた就学前の保・幼の先生方でも、ほとんどの方が感想に「音韻意識の大切さを初めて知った」と書かれていたほどです。ですから、小学校に上がった「ひらがな」の読めない子どもへの指導方法として、繰り返しの練習が推奨され、「音韻意識」の発達には目が向けられないということが多いという状況は仕方のないことかも知れません。

多くの人が、ごく自然に特別な苦労もないままに「ひらがな」が読めるようになったので、その「ひらがな」がなぜ読めないのかが理解しにくいのだともいえます。

音韻意識の指導のむずかしさ

ＳＫＣキッズカレッジでの教育相談・アセスメントを経て、学習室への入室が決まると、学習室スタッフは、まずその子の個別の指導計画を立てます。音韻意識が弱く、ひらがな段階で躓（つまず）きが見られる子には、音韻意識を育てる指導が採り入れられます。音韻意識は、無意識の中で発達する能力だけに、そこを意識させようとすると、弱さを持つ子どもには本当にしんどい学習になります。子どもにとっても指導者にとっても覚悟のいる学習といえるでしょう。

このとき指導者として考慮すべき重要な点が二つあります。

一つ目は、子どもの生活年齢です。基本的には認知レベルでは遅れのない子どもたちですから、音韻意識が弱く「ひらがな」をはじめとする文字への抵抗が大きくても、それ以外の興味関心や認識は生活年齢に応じて発達しています。だからこそ、どこでどのように音韻意識を育てる学習を組み込んでいくかがポイントになります。「音韻意識が弱い」と言っても、その弱さはそれぞれですし、子どもの年齢によってもとらえ方は変わってきます。低学年で分解や抽出がしんどいということと、高学年でしんどいということでは全く見せる様相が違います。学年（年齢）が上がるほどに読み書きの困難さも重篤になってきます。

二つ目は、指導方法です。苦手な子にとって神経に障るようなしんどさを感じる音韻の学習を、どうやって指導するかがポイントです。就学前の幼児や低学年の子どもたちには、体を動かしたり、ゲーム的な要素を織り交ぜたりして「おもしろかった」「たのしかった」と感じられるような方法で学習をすすめます。このとき、ゲームですから、もちろんルールがあります。子どもは、遊びに夢中になってくるとルールを自分の都合のよいように解釈したり変更したりすることがあります。道徳的に言えば注意すべきところですが、キッズでは「音韻遊びに道徳は持ち込まない」と捉えています。それは、子どもの好き勝手を許すのではありません、それだけ音韻の学習はしんどいもので、そこに夢中になっているなら、よく頑張っているなと評価すべきことだと思うからです。子どものルールに対応しながらすすめていると、逆に先生が困っているなと思う場面では、子どもが教えてあげようと助け船を出してくれることもよくあります。

一方、高学年や中学生になっている子どもにはこうした方法は向きません。子ども本人のモチベーションが上がるような、そして一方で自分の苦手さを自覚できるような、だけどそのしんどさに真正面から向かっていこうとするような……そうした指導はどうあるべきかを、試行錯誤しながらすすめています。ＳＫＣメソッドによる漢字学習をすすめながら、音韻意識を育てることを意識したり、英語学習ではフォニックスを取り入れたり、子どもの状態に合わせて指導しています。

音韻意識の指導教材

SKCキッズカレッジでは、音韻の指導をするためにいくつかの教材・教具を手作りして使用しています。
いくつか、紹介しましょう。

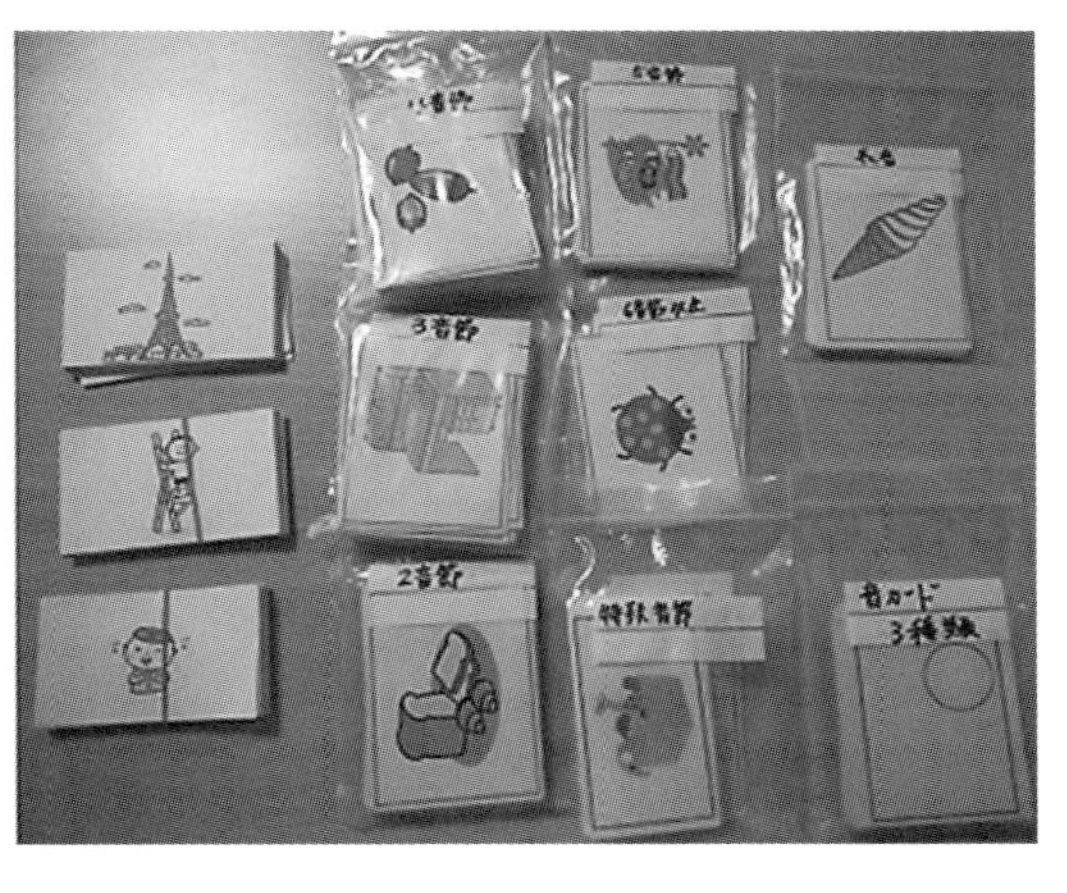

絵カード

上の写真は、絵カードです。たくさん用意しています。使いやすいようにモーラ数（拍）ごとに分類してあります。二モーラ単語からモーラ数に合わせて準備しました。

また、特殊拍にも対応できるよう、促音・拗音などが含まれたカードも用意してあります。

これらのカードを使って、分解・抽出・抹消・逆唱などの音韻意識の学習をしています。

使い方はさまざまです。

音韻同定課題

いろいろな絵カードを並べて、同じ音をさがします。「『かめ』『かぎ』……『か』の音が同じ」というように使います。始めは語頭音（言葉のはじめの音）が取り出しやすいようです。だんだん音の抽出が上手にできるようになると、「『すいか』にも『か』があるよ」、『みかん』にもあるよ」とわかってきて、同じ音を見つけるのが楽しくなってきます。

絵カード＋視覚補助

一つの単語がいくつの音で構成されているのか、ひとまとまりで「いちご」と知っているけれど、音を分解することがわからない子もいます。絵カード＋視覚支援として積み木を使って学習します。

下の写真のように、「い・ち・ご」と言いながら積み木を並べ、一つ一つの積み木が何の音か確認します。こうしたことが上手になると階段じゃんけんで遊ぶことも楽しくできます。

音韻意識を育てる学習では基本的には「音」の操作の課題なので文字は使

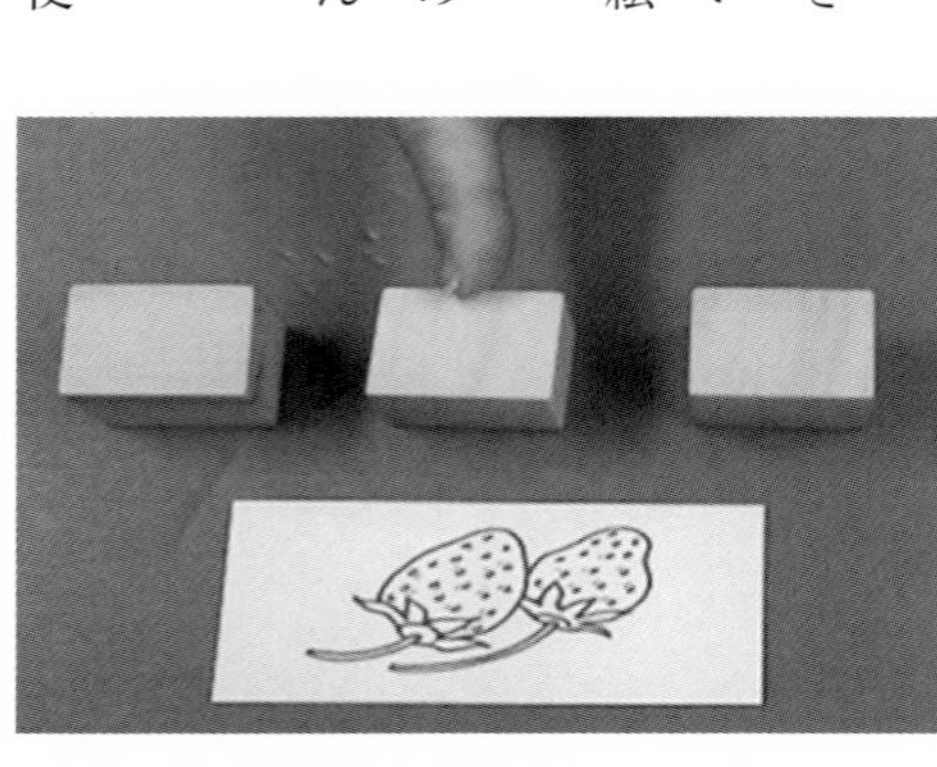

いません。指導者は、今どんな目的で学習に取り組んでいるのかを絶えず振り返ります。できるだけ「音」のみですることを意識しています。

音韻意識と文字の規則性を学習する段階になると、文字を子どもの負担を考えながら取り入れるようにします。

カ行シート

文字すごろく

上の図は、[か]行音のつく言葉シートです。同様のシートが、あ行～わ行まであります。かの枠には、からす、かえる、かめ、かさ、かざぐるま、が描いてあります。自分で「か」のつく言葉が見つけにくい子どもにはこうした「お助け」は安心材料になります。

文字すごろく

簡単なすごろくシートです。一マスがはっきりしているので、音韻の学習に使いやすいです。市販のすごろくは、周りにいろいろな絵や言葉が書いてあって、使いにくいものが多いようです。

子どもに何を指導したいのか明確に持つことで必要な教具もはっきりします。

文字サイコロ

文字サイコロ

サイコロは、あ行～わ行まであります。濁音もあります。直方体の木片に文字シールを貼って作りました。初めは「今日はこのサイコロで……」と決めて遊びますが、文字にも慣れてくると、見えない袋の中に入れてその都度選ぶ……たくさんあると、使い方の自由さも増し、楽しんで「文字―音」の学習ができます。

絵カードと、すごろくと、

文字サイコロと、ことばカードを組み合わせて使っています。

使い方は、さまざまです。何を使って、どのように音韻意識をそだてるか、「文字—音」の規則性を理解させるか、パターンは一つではありません。

ひらがなと数字の文字ピース

文字ピース（文字片）

一つの文字が一〇枚あるので、いろいろな使い方ができます。

ある子は、このピースを使ってしりとりをして部屋中にピースの道ができました。

特殊拍（特殊音節）でのつまずきと音韻意識

音韻意識の発達に弱さがあると、「ひらがな」でも特殊拍でのつまずきが目立ちます。高学年になっても、促音・長音・拗音で間違ってしまう。まだ「ひらがな」の習得が十分にできていない……という大きな問題が残ります。ただ、一方で、学年が上がると担任の先生からも、うっかりミスというような受け止めをされ、「ひらがなの特殊拍が書けない」という問題はクローズアップされなくなります。子どもにとっては、先生にうるさく注意されなくなり、楽になるようですが、問題が消えたわけではありません。

音韻意識の弱さは、「ひらがな」だけの問題ではなく、カタカナはもちろん、漢字の習得そして英語学習に影響を及ぼします。

いま、小学校から本格的に英語学習が加わり、子どもたちのしんどさは相当なものがあります。

日本語の「ひらがな」(カタカナ)は、一音一文字対応で世界的に見ても易しい言語だと言われています。ただ、特殊拍がその規則性から外れるため、音韻意識の弱い子にはしんどくなります。そうした弱さを持っている子にとって、「音―文字」の規則性がより複雑で難しい言語である英語がどれほどハードルの高いものになるかは、容易に想像できます。

また、日本語に比べたらアルファベットは二六文字しかないから簡単だと言われることがあります。しかし、書字困難な子にとってはこれが大変なのです。大文字と小文字があり、形も似通っている英語の書字はとても厄介です。「b」は鏡文字になると「d」になります。縦棒の位置がずれると「p」になり、「q」になる……、「a」の書き順は「d」と一緒で縦棒が曲がるかどうかだけ……、アルファベット段階で苦労している子どもたちがたくさんいます。ローマ字学習が始まる小学三年生ですでに「英語なんて大嫌い！」と叫ぶ子どもたちの何と多いことか。

ＳＫＣキッズカレッジの相談・アセスメントを経て、学習室に通ってくる子どもたちは、読み書き困難を持ち、日々苦労している子どもたちの中のわずかな人数であることを私たちは自覚しています。このわずかな子どもたちへのささやかな実践が、多くの困っている子どもたちにもなんらかの形で力になることがあるのならとの思いで、日々研究と実践に取り組んでいます。ときには課題の大きさにこんな小さなＮＰＯで何ができるのかと押しつぶされそうになるときもありますが、それでも、今までに出会った多くのキッズ卒業生や保護者からの声に励まされて、こうやって歩んでいるのだとも思います。

今後も、多くの関係機関とも連携をはかりながら、ＳＫＣキッズカレッジらしく進んでいけたらと思います。

（ＳＫＣキッズカレッジ専任相談員）

おわりに

キッズカレッジ学習室保護者手記の第二弾をお届けします。最初の手記の出版から今日までの間に、学校教育をめぐる状況も大きく変化しましたが、何よりキッズカレッジの指導内容と理論的内容も土台のところで大きな前進がありました。高校生以上の元学習室の子どもたちの成長した姿にその実績を見ることができると、確信を持っています。十年以上のお付き合いになる方も少なくなく、それだけに長文の手記も多くなりましたが、長さを感じさせない読み応えのあるものばかりです。

最近、キッズ学習室の卒業生で、高校三年生のS君が、突然、就職内定をもらったという報告をしに来てくれました。高校入試の直前でもひらがながまだ十分でなくアルファベットの学習もおぼつかない状態でした。キッズでは、それでも彼は高校に入れば大丈夫と見ていました。自分の苦手なことがよくわかり、それを隠すこともなく仲間の中でしっかり生きていたからです。彼が言うには、「今になって思うことは、当時は何の意味があるのかと思っていたけど、リラックスは今でもすると落ち着くし、漢字の粘土は今いろいろ新しい課題に取り組むときにいろいろイメージするのにすごく役立っている」ということでした。粘土は漢字の読み書きにも重要ですが、それ以上にことばの意味の世界を広げることを目的にキッズでは取り組んでいます。そのことを学習室卒業生がストレートに口にしてくれたことに大変うれしくなりました。同じようなことを言ってくれる卒業生はほかにもいますが、NPO設立以来一貫して同じようにやっていてよかったと確信させてくれる瞬間です。

　手記の執筆をお願いしたい方は今回書いていただいた方以外にもたくさんおられます。当初より、一冊では収まらないことは予想できました。手記をお願いした保護者で断られた方は一人もおられませんでした。そのため、早い時期に目安にしていた二十名を超えてしまい、声もかけられない方がたくさん出てしまいました。三弾目を急ぐ必要があると感じます。とはいえ、早く原稿をいただいた方は一昨年（二〇一九年）の十月でした。それから一年以上、新型コロナの影響があったとはいえ、編集に随分と時間がかかってしまいました。ようやく編集をおえることができホッとしているところです。

　ＳＫＣキッズカレッジは、相談と学習室という指導の機関であるのと同時に、研究機関でもあるという自己規定をしています。発達障害、学習障害の理論と実践は、教育と人間に関する科学に裏付けられたものでなければなりません。今後とも、微力ながら新しい社会状況と新しい課題に積極的に取り組んでいきたいと考えています。

　また、滋賀大学にはＮＰＯ法人の発足当時から様々な支援と協力をいただいており、現在は正式の相互協力・連携に関する協定と覚え書きを交しています。この場を借りて深く感謝申し上げます。今後も引き続き、関係する方々のご協力とご支援を賜りますようお願い申し上げます。

　末尾になりますが、前回に引き続き手記の発行をお引き受けいただいた文理閣の黒川美富子代表、山下信編集長に厚く御礼申し上げます。

ＮＰＯ法人ＳＫＣキッズカレッジ　理事長　久保田璨子
副理事長　窪島　務

NPO法人SKCキッズカレッジについて

発達障害、とりわけ学習障害（読み書き計算困難・障害）に関する相談と指導に取り組む専門的NPO法人です。滋賀大学の支援と協力のもとで大学の地域支援の新しい形を求めて2004年に結成されました。2017年には、滋賀大学教育学部と相互協力の協定書が締結されました。滋賀大学との対等の法人として今後も良好な連携と協力関係を発展させていくためにもNPO法人としての独立性を明確にする必要性が高まり、2018年に滋賀県知事の認証を得て、正式名称を「特定非営利活動法人 SKCキッズカレッジ」とすることになりました。現在、相談と検査は大学内の相談室で、学習指導と保護者支援は正門近くの古風な民家でおこなっています。

連絡・お問い合わせ先
電話：(077)511−9589　　E-mail：tnposkc@gmail.com

発達障害の子ども・青年の成長の記録
“安心と自尊心”を柱に
SKCキッズカレッジ保護者・当事者の手記

2021年4月15日　第1刷発行

編　者　SKCキッズカレッジ手記編集委員会
発行者　黒川美富子
発行所　図書出版　文理閣
京都市下京区七条河原町西南角　〒600−8146
TEL（075)351−7553　FAX（075)351−7560
http://www.bunrikaku.com
印刷所　株式会社吉川印刷工業所

ISBN978−4−89259−885−2